# 마케팅
## 미래 지도를 바꾸다

데이터, 플랫폼, 테크놀로지

# 마케팅 미래 지도를 바꾸다

1판 1쇄 인쇄  2015년 7월 25일
1판 1쇄 발행  2015년 7월 30일

지은이  박세정
펴낸이  송준화
펴낸곳  아틀라스북스
등   록  2014년 8월 26일 제306-2014-16호

기획편집총괄  송준화
마 케 팅 총 괄  박진규
디자인  김민정

주소  (131-848) 서울시 중랑구 공릉로 18, 310호(묵동)
전화  070-8825-6068
팩스  0303-3441-6068
이메일  atlasbooks@naver.com

ISBN  979-11-950696-3-7 (13320)
값 14,000원




이 도서의 국립중앙도서관 출판시도서목록(CIP)은 서지정보유통지원시스템 홈페이지
(http://seoji.nl.go.kr)와 국가자료공동목록시스템(http://www.nl.go.kr/kolisnet)에서
이용하실 수 있습니다.(CIP제어번호 : CIP2015018254)

데이터, 플랫폼, 테크놀로지

# 마케팅
## 미래 지도를 바꾸다

박세정 지음

아틀라스북스

필자는 우연찮게 사회생활의 반을 테크놀로지 세계에서, 나머지 반을 경영과 마케팅 세계에서 보냈다. 그런데 최근 마케팅영역에서는 마치 필자의 경험처럼 이 두 분야가 융합함으로써 새롭고 혁신적인 가치를 창출해내고 있다. 바로 이러한 트렌드가 필자가 이 책을 쓰게 된 결정적인 계기로 작용했다. 사실 테크놀로지가 마케팅에 영향을 준 역사는 오래되었다. 그러나 그 어느 시대에도 지금과 비교될 정도로 큰 영향을 미친 적은 없었다. 오늘날 스마트폰은 마치 생필품처럼 되어 버렸고, 각종 디지털기기를 통해 엄청난 양의 데이터가 쏟아져 나오고 있으며, 페이스북이나 링크드인과 같은 소셜 미디어 플랫폼들이 지구촌 커뮤니케이션영역을 장악해버렸다. 그리고 이들을 포함한 다양한 테크놀로지가 마케팅과 융합함으로써 오늘날 새로운 마케팅 패러다임을 만들어가고 있다.

필자가 처음 이메일로 고객에게 메시지를 보냈던 20년 전의 시점부터 지금까지를 돌이켜보면, 기업현장에서의 마케팅도 정말 많은 것이 바뀌었다. 먼저 소비자의 일상부터 변화되었다. TV나 신문과 같은 전통적인 매체의 영향력이 줄어들어 감에 따라 소비자들은 점점 새로운 디지털 미디어로 옮겨가고 있다. 가만히 지하철에서 사람들의 모습을 지켜보면, 거의 모두가 스마트폰을 들여다보고 있을 정도로 디지털은 곧 우리의 일상이 되었다.

소비자들만 변한 것이 아니다. 소비자들이 디지털공간에 남긴 데이터들이 범람하고 새로운 디지털 미디어들이 부상하자 기업의 마케팅 환경 역시 놀랍도록 변화하고 있다. 데이터 자체로는 아무것도 할 수 없기 때문에, 데이터를 해석하고 활용하게 해주는 마케팅 테크놀로지가 진화하고 있으며, 디지털환경이 바꿔놓은 소비자들의 행동 및 구매패턴을 파악해서 더 효율적인 마케팅 투자방법을 사전에 알려주는 테크놀로지들이 등장하고 있다. 그리고 이제 마케팅 테크놀로지는 인공지능과의 융합을 통해 컴퓨터 스스로 소비자들의 행동을 분석하고 마케팅에 대한 판단을 하는 과학적 영역으로 진보하고 있다.

이러한 트렌드는 결과적으로 테크놀로지의 활용수준에 따라 기업의 마케팅 경쟁력이 좌우되는 상황을 만들어냈다. 이로 인해 전 세계적으로 마케팅 테크놀로지분야에 기업들의 투자가 집중되는 현상이 빚어지고 있다. 이와 관련해 IT시장 조사기관인 IDC에서는 전 세계적으로 마케팅 테크놀로지 관련 시장규모가 34조 원에 이를 것이라고 예측하고 있으며, 2018년까지 마케팅부서에서 기업의 정보화시스템을 총괄하는 CIO 산하 부서들보다 더 많은 예산을 쓸 것이라는 예측도 나오고 있다.

더욱 흥미로운 사실은, 2015년 1월을 기준으로 전 세계에 마케팅 테크놀로지 서비스를 제공하는 기업이 1,876개나 된다는 것이다. 이러한 경쟁의 틀 속에 우리가 익히 알고 있는 거대 IT기업부터 이름조차 생소한 스타트업들까지 수많은 기업들이 모여들어 세상을 놀라게 만들 마케팅 솔루션과 마케팅 모바일 앱을 개발하고 있다. 언제나 그렇듯 시장은 철저히 수요에 따라 움직인다. 이 말은 결국 현재 마케팅 테크놀로지분야에 이처럼 많은 기업들을 수용할 만한 거대한 시장이 존재한다는 사실을 의미한다. 또한 이러한 마케팅 테크놀로지시장의 성장은 디지털 콘텐츠, 광고 마케팅, 모바일 비즈니스, 마케팅 자동화 플랫폼, 클라우드 플랫폼 등과 관련된 시장을 덩달아 성장하게 만들었다. 한마디로 이제는 테크놀로지를 빼놓고는 마케팅을 이야기할 수 없는 시대가 되었다.

한편, 마케팅 테크놀로지의 발전은 마케터나 마케팅조직들을 혼란에 빠뜨리기도 했다. 마케터들은 이러한 변화를 지켜보며 소프트웨어 관련 지식이나 프로그래밍을 배워야 하는지를 고민하게 되었고, 마케팅조직들은 디지털 트랜스포메이션을 시도해야 한다는 압박을 느끼게 되었다. 그리고 이러한 고민은 테크놀로지의 진화가 마케팅 생태계 내에 있는 많은 사람들의 일자리를 잃게 만들 것이라는 두려움으로 이어졌다.

그러나 필자는 마케팅 테크놀로지의 발전은 마케팅조직과 마케터들에게 두려움이 아니라, 새로운 고객가치의 창출과 스스로의 역량을 강화하는 기회로 작용할 것이라고 확신한다. 이 책 또한 그러한 관점, 즉 마케터들이 마케팅 테크놀로지의 흐름을 쉽게 이해함으로써 스스로 그러한 변화에 대비할 수 있도록 하는 데 초점을 맞추었다.

이 책의 1부에서는 역사적으로 마케팅영역에 등장한 테크놀로지들이 마케팅 세계에 어떤 영향을 미쳤는지를 살펴보고, 나아가 오늘날 '마케팅 = 테크놀로지 = 소프트웨어'라는 공식이 성립된 배경에 대해 분석해보았다. 또한 현재 진행되고 있는 인공지능과 머신러닝(기계학습) 관련 테크놀로지의 발전이 인간을 대상으로 한 마케팅에 어떠한 영향을 미치고, 어떠한 한계에 부딪칠 것인지에 대해 살펴보았다.

2부에서는 애자일 마케팅, 인바운드 마케팅, 마케팅 자동화 등 현재 기업 마케팅영역에서 적극적으로 활용되고 있는 테크놀로지 기반 마케팅의 실제 사례들을 구체적으로 분석해보았다.

3부에서는 디지털 혁명의 소용돌이 속에서 마케터들이 겪고 있는 심리적 혼란과, 그러한 혼란에서 벗어나기 위해 어떠한 대비를 해야 하는지에 대해 살펴보았다. 또한 마케팅영역에 마커팅 경험이 없는 테크놀로지 전문가들이 유입되는 현상을 토대로 조직이 바라는 융합적 마케터의 미래상은 무엇인지를 그려보고, 나아가 미래 마케팅 관점에서 조직 전체가 어떠한 변화를 꾀해야 하는지를 살펴보았다.


이 책을 읽는 독자들에게 꼭 당부하고 싶은 말이 있다. 일단 '테크놀로지'에 대한 두려움을 갖지 말라는 것이다. 아무리 마케팅 세계가 온통 테크놀로지로 뒤덮인다고 하더라도 모든 마케터들이 테크놀

로지 전문가가 될 필요는 없으며, 또한 그것은 불가능한 일이기도 하
다. 다만 자신의 역량을 한층 강화하는 차원에서 마케팅 테크놀로지
에 대한 전반적인 이해도를 높이고, 그로 인한 변화의 의미를 자신만
의 방식대로 해석하고 적용해 미래를 준비할 필요는 있다. 이 책은 바
로 그러한 의미에서 경영자나 마케터들에게 많은 도움이 될 것이며,
반대로 마케팅에 관심이 많은 IT 전문가들이 마케팅 진화에 대한 다
양한 정보들을 이해하는 데도 도움이 될 것이다. 최근에는 프로그래
머나 엔지니어링 및 공학을 공부한 사람들이 마케팅부서에서 일하거
나 마케팅 솔루션을 개발하는 사례가 늘고 있다. 이 책은 그러한 독자
들에게도 마케팅과 테크놀로지의 융합 측면에서의 좋은 정보를 제공
할 수 있을 것이다.

비록 이 책을 쉽게 쓰려고 노력하기는 했지만 생소한 용어 등으로
인해 다소 어렵게 느낄 독자도 분명 있을 것이다. 반대로 각 주제에
대해 더 깊은 지식을 원하는 독자도 있을 것이다. 이 책은 이러한 측
면에서 분명한 한계가 있음을 고백한다. 다만 그러한 부족함이 느껴
진다면 다음 기회에 더 보완할 기회가 주어지길 바라며, 이를 위해 날
카로운 지적을 아낌없이 보내주기를 바란다.

마지막으로 모든 마케터들이 본연의 크리에이티브한 능력과 이 책
에 담긴 테크놀로지에 대한 지식을 겸비함으로써 미래 기업의 핵심
인재로 성장해나가기를 진심으로 바란다.

박세정

언제나 느끼는 것이지만 책을 쓰는 일은 결코 쉽지 않은 여정이다. 특히 트렌드가 빨리 변화하는 분야에 대한 폭넓은 주제를 다룰 때는 필자가 가진 지식의 한계를 넘어서는 다양한 영역에서의 전문가들의 의견과 인사이트가 매우 중요하다. 이러한 차원에서 여러모로 도움을 주신 많은 지인들과 인터뷰에 응해준 전문가들에게 이 자리를 빌려 감사의 말씀을 드린다.

우선 시장환경의 변화와 디지털 마케팅에 대해 조언해주신 김부종 교수님, 이정민 교수님, 아이티매그넷의 김진 대표와 포스코경영연구원의 임재현 책임연구원에게 감사드린다. 마케팅과 데이터 과학이 융합하는 현상과 그 미래에 대해 멋진 대화를 나눈 최고의 데이터 사이언티스트 김옥기 님, 이진형 님, 안광종 님에게도 감사드린다.

또한 디지털 마케팅시장을 매일 취재하며 시장의 목소리를 전달해준 마이크로 소프트웨어의 유재석 기자, 디지털 인터랙티브 마케팅과 전통 마케팅과의 융합에 관한 정보와 인사이트를 주신 김태일 라온스퀘어 대표님에게도 감사드린다. 항상 마음으로 후원해주시는 배재훈 범한 판토스 사장님과 우병오 선배님에게 감사의 마음을 전한다. 든든한 친구 양동규 부사장에게도 감사의 표현을 전한다.

한글로 쓴 이 책의 내용을 이해하지는 못하겠지만, 마케팅과 테크놀로지의 융합에 대한 뛰어난 식견을 전해준 이온테크놀로지의 CEO 스캇 브링크에게 감사드리며, 미국 오라클과 SAP에서 CRM 전문가로 활동해온 리차드 정이 전해준 현재와 미래의 인사이트에 대해서도 감사의 마음을 전한다. 12년 만에 다시 만나 아이디어를 주고 책을 더 읽기 쉽고 논리적으로 다듬어준 아틀라스북스 송준화 편집장에게도 감사의 뜻을 전한다. 여러분의 도움으로 이 책은 세상에 나올 수 있었다.

# Part 1 • 마케팅 테크놀로지의 시대

# Part 2 ∘ 빅데이터와 플랫폼이 불러온 마케팅 테크놀로지 혁명

# Part 3 • 테크놀로지가 변화시키는 마케팅의 미래

# 마케팅 테크놀로지의 시대

MARKETING REVOLUTION

“나는 테크놀로지가 우리 인간의 교감을
뛰어넘는 날이 두렵습니다.
그러면 세상은 바보들의 세대가 될 것입니다.”

_알버트 아인슈타인(Albert Einstein)

# 마케팅
# 테크놀로지의 시대

2014년을 기준으로 전 세계 인터넷 사용자 수가 이미 30억 명을 넘어섰다. IT시장 조사기관인 IDC[International Data Corporation]에서 발표한 보고서에 따르면, 1995년 전 세계 인구의 0.4퍼센트(1,600만 명)였던 인터넷 사용자비율이 2014년에는 42퍼센트까지 증가했다고 한다. 또한 인터넷은 지구촌 사람들을 하나로 연결하는 데 그치지 않고, 오늘날 그 연결성을 모든 사물로까지 확장하고 있다. 테크놀로지가 모든 것을 연결하는 초超연결사회로 진입하고 있는 것이다.

인터넷 혁명은 새로운 테크놀로지를 끊임없이 파생시키고 있다.

스마트폰으로 대표되는 모바일 혁신 역시 끝없이 진화하는 인터넷 혁명의 과정 중 하나일 뿐이다. 인터넷으로 인한 테크놀로지 혁명은 개인의 생활방식뿐만 아니라 전 산업영역에 걸쳐 영향을 미치고 있다. 특히 그 중에서도 가장 큰 영향을 받은 곳이 바로 '마케팅영역'이다. 어쩌면 이것은 매우 당연한 결과일지 모른다. 마케팅은 소비자들의 생활방식과 구매패턴 변화에 가장 먼저 그리고 가장 크게 영향을 받을 수밖에 없기 때문이다.

오늘날 기업의 마케팅은 고객 데이터 베이스관리에서부터 모바일 마케팅까지 테크놀로지를 빼놓고는 생각할 수 없을 정도로 테크놀로지에 대한 의존도가 높아졌다. 그리고 더 혁신적인 마케팅 테크놀로지를 가진 기업이 더 많은 시장장악력을 갖게 되는 시대가 되었다.

예를 들면, 1994년에 오직 온라인상에서 도서를 판매하기 위한 목적으로 출범한 아마존Amazon은 그들이 개발한 마케팅 테크놀로지, 즉 '개인화 추천기능'을 기반으로 현재 전 세계에서 가장 막강한 온라인 커머스기업이 되었다. 수많은 고객들이 이 '추천'에 '걸려들어' 책을 구매했다. 만약 아마존에게 기존 오프라인 서점들과 차별되는 개인화 테크놀로지가 없었다면, 그래서 고객들이 아마존 홈페이지에 로그인할 때 개인화된 추천 서비스를 제공받지 못했다면 지금과 같이 충성도 높은 고객들을 확보할 수 없었을지 모른다.

마찬가지로 네이버나 페이스북, 구글이 그들의 플랫폼에 뛰어난 광고 테크놀로지를 적용하지 못했다면, 그래서 지금과 같은 광고수익을 벌어들일 수 없었다면, 그들은 오늘날 다른 입장에 처해 있을지 모른다.

디지털 혁신으로 인해 수많은 소비자들이 모바일 등 새로운 문명의 이기로 이동하자, 마케팅 테크놀로지와 관계 없는 기업들까지도 재빨리 그들의 비즈니스 중심에 마케팅 테크놀로지를 녹여냈다. 그 대표적인 기업들이 JAL, GM, 포드 등으로, 이들 기업은 새로이 론칭하는 제품의 브랜드 이미지를 높이기 위해 소셜 미디어를 포함한 디지털 미디어분야에 과감한 투자를 단행했다. 그 결과 그들은 자신들의 경쟁력이 쇠약해졌을 때 멀리 떠나버렸던 고객들을 다시 불러모을 수 있었다. 그러지 않았다면 그들은 아직도 값비싼 TV광고에 메여있었을 것이다. 이러한 변화의 요구는 마케팅 전문기업에게도 예외 없이 찾아왔다. 예를 들면 세계적 광고기업인 WPP는 발빠르게 그들의 사업 포트폴리오에 디지털 비즈니스를 포함시킴으로써 혼란스러운 테크놀로지 혁명의 소용돌이 속에서도 성장을 이어갈 수 있었다.

사실 마케팅분야에서 오늘날과 같이 테크놀로지의 진화가 빠르게 이루어진 적은 없었다. 아니 그보다는 마케팅역사의 중심에 테크놀로지가 놓여있었던 적이 없었다는 말이 더 정확할 것이다. 과거 브랜드, 포지셔닝, 차별화 등의 개념에 익숙한 마케터들은 마케팅에 테크놀로지라는 용어가 붙으면 흥미로운 관찰대상은 될 수 있을지언정, 그 속을 들여다보고 이해하는 일은 어디까지나 엔지니어나 IT 전문가의 영역이라고 생각했다. 또한 마케팅분야에 테크놀로지를 도입하려면 많은 돈이 든다고 생각했으며, 마케팅부서에서 그만한 예산을 갖고 있는 경우도 없었다. ROI<sup>Return of Investment, 투자자본수익률</sup>를 생각하면 더욱 끔

찍했다. 대학에서조차 마케팅 관련 학과에서 테크놀로지와 관련된 교과목을 찾기 힘들 정도로 테크놀로지는 마케팅이라는 영역에서 완전히 벗어나 있었다. 달리 표현하면 어느 누구도 마케팅에 테크놀로지를 도입해야 한다고 생각하지 않았다.

## 테크놀로지, 마케팅의 미래를 이끌다

그러나 정보과잉 시대에 접어들면서 마케팅 채널이 늘어나고, 소비자의 행동패턴이 복잡해지자 더 이상 과거의 방식으로는 마케팅을 하기가 어려워졌다. 전문가들은 '디지털 정보과잉 시대, 즉 디지털시대에서의 시장권력이 소비자에게 넘어왔다'고 선언했다. 그러나 정작 소비자들은 권력을 자각하기는커녕 넘쳐나는 정보에 시달리다 결국 마케팅의 간섭을 극도로 배제하며 커뮤니티 공간에서의 대화를 통해 제품에 대한 판단을 내리기 시작했다.

소비자들의 행동이 이렇게 변화하자 기업의 마케팅분야에도 많은 변화가 일어났다. 마케팅 임원들은 마케팅 관점에서 빅데이터전략을 고민하게 되었고, 수많은 마케팅 채널을 대상으로 투자효과를 따져보기 시작했다. 또한 마케팅 실무자들은 복잡한 현안을 해결해줄 솔루션을 요구하게 되었다. 이러한 요구에 따라 마케팅 테크놀로지를 개발하는 기업들은 보다 혁신적인 테크놀로지를 개발하기 위한 경쟁에 돌입했고, 그러한 테크놀로지를 개발해낸 기업들은 엄청난 영향력과 부를 차지할 수 있었다. 이처럼 수요자와 공급자의 요구가 서로 맞아떨어짐에 따라 전 세계 마케팅 테크놀로지시장은 놀랄 정도로 빠르게 성장하게 되었다.

이를 증명하듯 현재 전 세계적으로 벤처 캐피털자금이 마케팅 테크놀로지분야에 몰리는 현상이 일어나고 있다. 이와 관련해 IDC에서는 2018년까지 마케팅 관련 테크놀로지에 무려 130조 원의 자금이 투자될 것이라고 예측했다. 우리나라의 경우 특이하게 이 트자자금이 대부분 게임산업에 쏠려 있기는 하지만, 전반적인 투자흐름을 살펴보면 일반 기업까지도 마케팅 투자의 중심을 테크놀토지 쪽으로 이동시키고 있음을 확인할 수 있다. 최근 롯데그룹이 빅데이터를 활용한 IT 기반의 마케팅전략을 내놓은 것 역시 이러한 사례의 하나로 볼 수 있다.

아직도 테크놀로지가 고유의 영역에 머물러 있다고 생각하는가? 이 책은 현재뿐만 아니라 미래에는 더더욱 그렇지 않으리라는 사실을 계속 증명해나갈 것이다. 그리고 오늘날 테크놀로지의 발전이 마케팅 트렌드를 어떻게 이끌고 있으며, 그로 인해 마케팅의 미래가 어떻게 변화될 것인지를 살펴볼 것이다. 또 이러한 변화가 기업의 마케팅 관련 조직과 구성원들에게 어떤 영향을 미칠 것인지를 보여줄 것이다. 마케팅에 조금이라도 발을 담그고 있는 독자라면 이러한 마케팅 패러다임의 변화를 결코 간과해서는 안 된다. 그런 의미에서 이 책이 마케팅 실무자는 물론 경영자까지도 마케팅 테크놀로지에 관심을 기울이게 되는 계기가 되는 한편, IT 관련 인재들에게는 서계 마케팅 테크놀로지시장에 대한 정보를 제공함으로써 관련 시장에 과감하게 도전장을 내미는 계기로 작용하기를 바란다.

한편, 이 책에 등장하는 테크놀로지 관련 용어들 때문에 내용을 이해하기 어렵겠다는 선입견을 가질 필요는 없다. 오늘날의 마케팅 테크놀로지는 그 속은 복잡할지 모르지만, 막상 마케터들의 눈에 보이는 UI User Interface, 사용자환경는 단순화와 미니멀리즘을 지향하고 있다. 오늘날 누가 이해하기 어렵고 복잡한 테크놀로지를 원하겠는가? 이 책 또한 이러한 흐름과 동일하게 테크놀로지가 열어가는 미래 마케팅의 세계를 마케터들이 쉽게 이해할 수 있도록 설명할 것이다.

참고로 이 책에서 계속해서 등장하는 '마케팅 테크놀로지'라는 용어에는 다음과 같이 마케팅 관련 하드웨어 및 소프트웨어와 같은 마케팅 시스템과, 소프트웨어 엔지니어링, 기술 기반의 프로세스 및 UX User Experience, 사용자경험 디자인 등의 개념이 모두 포함되어 있음을 미리 밝힌다.

## 마케팅 테크놀로지에 포함된 개념

① 인터넷 서비스영역 : 페이스북, 구글, 트위터 등 마케팅 플랫폼이 된 디지털 미디어

② 마케팅 소프트웨어영역 : CRM, 이메일 마케팅, 마케팅 자동화 솔루션, 디지털광고, 소프트웨어광고, 이메일, SEO<sup>Search Engine Optimization, 검색엔진 최적화</sup>, 소셜 미디어, 콘텐츠 마케팅, A/B 테스팅, 마케팅 앱 등(이들은 마케팅 전체 생태계에서 프론트 오피스에 해당한다고 볼 수 있다)

③ 마케팅 인프라영역 : 데이터 베이스, 빅데이터, 클라우드 및 소프트웨어 개발 툴

④ 마케팅 플랫폼영역 : e-커머스 엔진 등

⑤ 마케팅 미들웨어영역 : 태그 관리, 클라우드 커넥트, 유저관리 및 API 서비스

⑥ 마케팅 운영영역 : 마케팅에서 백 오피스영역에 있는 툴, 특히 마케팅 분석영역이 여기에 속한다.

# 마케팅과 테크놀로지,
# 그 밀월의 역사

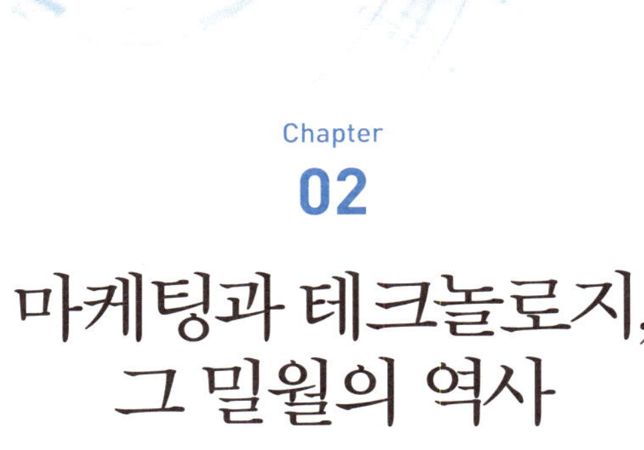

언제부터 테크놀로지가 이렇게 마케팅에 가깝게 다가온 것일까? 이를 알아보기 위해 잠깐 동안 흥미로운 과거로의 여행을 떠나보자. 이러한 여정이 다소 지루할 수도 있지만, 과거를 통해 미래를 더욱 현명하게 볼 수 있다는 측면에서는 매우 가치 있는 일이 될 수도 있다. 1741년부터 현재까지 이루어진 마케팅과 테크놀로지 간의 밀월의 역사를 최대한 짧게 줄여 설명해보겠다.

## 종이, 최초의 마케팅 미디어

최초의 마케팅도구는 무엇이었을까? 바로 종이였다. 종이를 이용한 대중화된 잡지가 바로 최초의 마케팅 미디어였다.

잡지가 세상에 처음 등장한 시기는 지금으로부터 280여 년 전인 1741년이었다. 그 후 1839년에 〈포스트〉가 광고매체로서 등장했으니 마케팅의 역사는 18~19세기로 거슬러 올라간다. 그러나 1900년 초에 이르러서야 마케팅에 대한 기본적인 개념을 연구하기 시작했다고 보기 때문에 학문적으로 보면 마케팅의 역사는 100년이 조금 넘었을 뿐이다. 이처럼 마케팅은 인류의 긴 역사를 기준으로 브면 매우 짧은 역사를 가지고 있음에도 불구하고 산업화시대와 정보화시대를 거쳐 초연결시대로 넘어오는 과정에서 눈부신 발전을 거듭해왔다.

마케팅은 그 속성상 새로운 미디어에 영향을 가장 많이 탈을 수밖에 없었다. 잡지 이후 마케팅역사에 있어서 가장 혁명적 발전을 불러온 사건은 라디오의 발명이었다. 전 세계적인 라디오의 보급은 오늘날 인터넷과 같은 커뮤니케이션 혁명을 불러왔다. 라디오광고는 1922년에 처음 시작되었다. 물론 라디오가 마케팅을 위해 개발된 기술은 아니므로 그 자체로 마케팅기술이라고 할 수는 없겠지만, 당시 라디오는 오늘날의 인터넷이나 소셜 미디어 이상으로 사람들, 즉 군중을 움직이는 힘을 갖고 있었으므로 마케팅 관점에서 혁명적인 도구임에는 틀림없었다. 디지털 미디어가 전통적인 미디어를 갈아치우고 있는 오늘날까지도 여전히 90여 년 전과 다름 없이 라디오에서 끙고가 흘러나오고, 애청자들과 밀착관계를 유지하고 있다는 사실이 놀라울 뿐이다.


## TV, 최초의 커뮤니케이션 플랫폼


TV의 탄생과 보급은 마케팅에 있어서 또 하나의 혁명적 진보를 일으켰다. 인지학자들에 따르면 사람은 눈으로 보는 것에 가장 큰 충동을 느끼며 기억도 가장 오래 지속된다고 한다. TV는 바로 이것을 가능하게 해주는 도구였다. TV를 통해 귀가 아닌, 인간의 눈에 직접 자극을 주는 동적인 이미지를 전달할 수 있게 것이다. TV의 상업화는 상품이나 브랜드를 인지시키는 인지 마케팅 및 광고 크리에이티브산업을 크게 성장시키는 계기가 되기도 했다.

1941년에 미국에서 TV광고가 첫 방송을 탄 이후 지금까지도 TV를 기반으로 한 마케팅의 힘은 막강하다. 오늘날로 치면 TV가 바로 페이스북과 같은 글로벌 플랫폼에 해당했다. 이 플랫폼을 이용해 세계 각 지역마다 그들이 이해할 수 있는 언어로 다양한 광고 콘텐츠가 방송되었으며, 수많은 사람들이 동시에 그것을 시청했다. 이때는 그야말로 TV광고가 곧 매스 미디어광고인 시대였으며, TV광고가 마케팅과 동일어로 인정되던 시기였다. 이처럼 TV를 통한 매스 마케팅Mass Marketing은 개인화된 디지털 마케팅시대가 올 때까지 전 세계 소비자들의 시선을 지배했다.

TV는 소비자들의 생활방식도 바꿔놓았다. 그 전 시대 사람들의 생

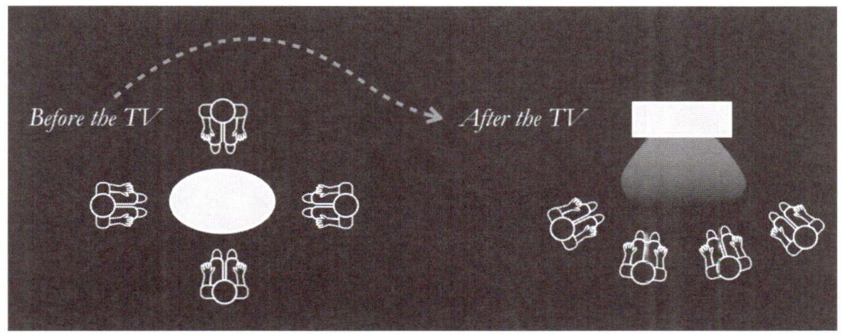


● 출처 : 존 마에다, SXSW 2015

활방식이 식탁에 앉아 대화를 나누는 모습으로 묘사되었다면, TV시대에는 사람들이 TV를 중심으로 둘러앉아 TV를 보며 대화를 나누는 모습으로 묘사되었다. 디지털 미디어 디자인의 구루라고 불리는 존 마에다John Maeda는 2015년에 발표한 자료에서 'TV시대의 소비자의 모습'을 위의 그림과 같이 표현하기도 했다.

디지털시대로 넘어오면서 TV 역시 거친 변화의 돌결에 직면했다. 디지털 미디어에 밀려 역사 속으로 사라질 것이라는 예측도 많았다. 그러나 굴뚝산업 시대에 탄생한 이 바보상자는 인터넷 및 스마트기기와의 융합을 통해 스마트 TV로 변신하면서 오늘날까지도 그 생명력을 유지하고 있다. 이와 관련해 디지털 광고 미디어기업인 IAB의 CEO 랜딜 로덴버그Randall Rothenberg는 '웹과 모바일 비디오가 미래의 매체를 장악하더라도 TV는 인터넷과 융합하면서 계속해서 살아남을 것'이라고 예측했다.

그렇다 하더라도 TV는 또 다른 도전에 직면해 있다. 비디오 대여사업을 거쳐 온라인 스트리밍 서비스로 급속하게 성장한 네플릭스<sup>Netflix</sup> 같은 기업들이 'TV는 그 선형적 편성 프로그램으로서의 한계로 인해 결국 역사 속으로 사라질 것'이라고 엄포를 놓고 있는 것이다. 여기서 선형적 편성 프로그램이란 이미 정해진 시간에 예고된 프로그램이 방영되는 것을 의미한다. 현재 TV는 모바일 인터넷의 확대와 온 디맨드<sup>On Demand</sup> 서비스의 발전에 대항해서 또 한 번 생존을 건 싸움을 준비하고 있다. 그리고 그 승패는 오늘날의 스마트 TV가 사물 인터넷과의 융합을 통해 더 싸고 편리하고 쓸모 있는 인터랙티브 TV로 진화할 수 있느냐에 따라 결정될 것이다.

## PC의 탄생, 마케팅 테크놀로지시대를 열다

PC의 탄생은 테크놀로지가 마케팅에 직접적인 영향을 줄 수 있음을 암시했다. 1981년에 IBM이 먼저 PC를 시장에 내놓았고, 1984년에는 애플이 매킨토시를 내놓았다. 스티브 잡스<sup>Steve Jobs</sup>는 1984년에 슈퍼볼 광고(미국 프로미식축구 챔피언 결정전에서 방영되는 광고로, 엄청난 광고비 때문에 '가장 비싼 1초'라는 수식어를 가지고 있다)를 통해 맥킨토시 론칭광고를 내보냈는데, 이 광고는 TV의 힘을 100퍼센트 이용해서 맥킨토시의 탄생을 세상에 알리는 데 최적의 역할을 했다. 또한 잡스는 이 짧은 광고를 통해 IBM을 비꼬는 한편, 향후 도래하는 PC시대를

● 출처 : 유튜브

예견하는 혁명적인 메시지를 담았다.

　PC의 보급은 마케팅역사에도 큰 의미를 주었다. 최초로 테크놀로지 기반의 마케팅시대, 즉 '데이터 베이스 마케팅'의 시작을 알린 것이다. 이것은 마케팅 측면에서 고객 데이터를 컴퓨터 저장장치에 저장해 언제든 꺼내 쓸 수 있게 되었음을 의미함과 동시에, 그러한 데이터를 가공해서 마케팅에 활용한 후 그 결과에 따라 데이터 갱신까지 가능해졌음을 의미했다. 이때부터 기업 내부에 고객에 대한 정형 데이터가 쌓이기 시작했고, 정보 시스템을 활용하는 마케팅이 시작되었다. 참고로 여기서 정형 데이터란 이름, 우편번호, 성별 같은 형식이 정해진 데이터를 말한다. 반대로 비정형 데이터란 소셜 미디어를 통해 돌아다니는 수많은 텍스트와 동영상들처럼 고정된 형태가 없는 데이터를 말한다. 이렇게 1980년대에 시작된 데이터 베이스 마케팅은 CRM으로 이어졌다. 참고로 CRM의 경우 마케팅역사에서 매우 중요한 의미가 있는 만큼 뒤에서 별도로 설명하기로 하겠다.

한편, PC, 데이터 베이스, CRM의 등장은 기업의 마케팅에 테크놀로지가 어떤 가치를 만들어낼 수 있는지, 어떤 미래를 열어줄 것인지를 보여주는 중요한 계기가 되었다. 또한 마케팅 테크놀로지가 데이터와 소프트웨어 중심으로 발전하게 되는 하나의 시발점이 되기도 했다. 현재의 빅데이터Big Data의 전조前條도 이미 이때부터 나타나기 시작했다. 현시점에서 보면 우스꽝스럽게 보일지 모르지만, 아무튼 이때부터 데이터 베이스에 데이터가 '쌓여갔기' 때문이다. 당시에 데이터 베이스 마케팅이나 CRM을 경험했던 전문가들이 현재 빅데이터의 구루로 활동하고 있다는 사실도 이와 같은 맥락에서 이해할 수 있다.


## 인터넷이 몰고온 마케팅 테크놀로지 혁명

1990년대 초반에 시작된 인터넷시대는 마케팅 테크놀로지에 또다른 혁명을 불러왔다. 조각조각 떨어진 컴퓨터들을 잇고, 인터넷을 통해 모든 시장을 불러모으는 이 가상의 세계를 기업들이 가만히 놔둘 리 없었다. 이와 관련해《고객의 시대The Age of Customer》의 저자 짐 블래싱에임Jim Blasingame은 1993년을 '판매자의 시대에서 고객의 시대를 나누는 분기점'이라고 표현했다. 1993년에 최초의 웹브라우저

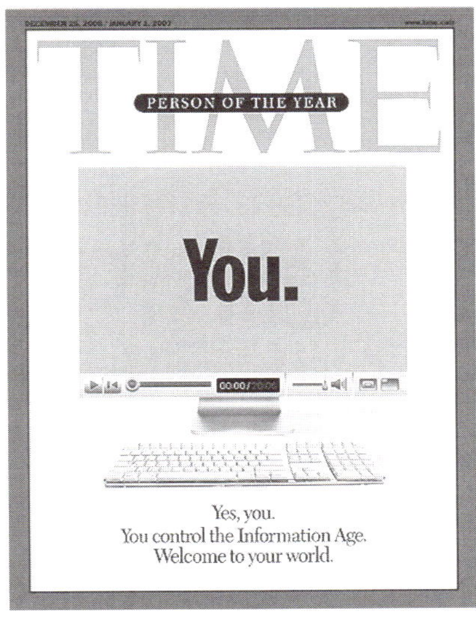

● 출처 : www.flickr.com

인 모자이크<sup>Mosaic</sup>가 등장하면서 누구나 쉽게 웹에 접속해 정보를 검색할 수 있게 되었고, 반대로 정보를 만들어낼 수도 있게 됨에 따라 시장에서의 힘의 균형이 판매자 쪽에서 소비자 쪽으로 넘어오기 시작했다는 것이다. 이러한 흐름은 미국의 시사잡지 〈타임<sup>TIME</sup>〉에서 '모든 사람이 정보화시대를 변화시키는 주역'이라는 점을 들어 2006년 올해의 인물은 바로 '당신(You)'이라고 표지에 내 건 시대까지 이어진다. 공급자 위주의 시대에는 상상하기 힘들었던, 공급자들이 수요자, 즉 고객을 두려워하는 시대가 시작된 것이다.

특히 이 시대에 등장한 검색 테크놀로지는 마케팅역사에서 매우 중요한 의미를 갖는다. 1995년에 야후<sup>Yahoo</sup>와 알타비스타<sup>Altavista</sup>가 처음으로 검색의 세계를 열어젖혔다. 이처럼 소비자들이 인터넷상에서 방대한 데이터를 쉽게 검색할 수 있게 되자 '정보의 비대칭성'이란 용어가 등장했다. 이것은 과거 기업이 제공하던 정보를 일방적으로 듣고 배우던 소비자들이 검색을 통해 기업들보다 더 많은 정보를 알게 되는 비대칭성을 의미한다. 소비자들이 검색했을 때 제일 먼저 리스트에 올라오면 당연히 더 많은 클릭을 유도할 수 있다는 사실을 인지한 기업들은 검색 마케팅에 돈을 쓰기 시작했고, 이로 인해 검색시장은 폭발적으로 성장하기 시작해서 이후 20여 년 간 인터넷 마케팅 시장의 주류로 자리잡았다. 미국의 시장조사업체인 e-마케터의 조사 결과에 따르면, 2015년을 기준으로 전 세계 인터넷 광고시장 규모는 약 1,490억 달러에 이를 것으로 예상되는데, 그 중 절반을 검색광고가 차지하게 될 것이라고 한다.

효과적인 정보검색에 대한 니즈가 강해짐에 따라 'SEO<sup>Search Engine Optimization, 검색엔진 최적화</sup>'라는 용어가 등장했다. SEO는 20여 년 전 처음 등장한 이래 지금까지도 디지털 마케팅분야에서 중요한 기법으로 자리잡고 있다. 특히 1998년에 등장한 구글<sup>Google</sup>은 그들의 뛰어난 검색 플랫폼을 기반으로 인터넷 검색시장의 절대 강자로 군림하게 되었다. 20세기 TV가 갖고 있던 지위를 21세기에는 구글이 넘겨받은 것이다. 현재 전 세계 수많은 사용자들이 구글이 제공하는 플랫폼 속에서 방대한 콘텐츠를 채워나가고 있다. 구글은 이러한 지위를 기반으로 2014년에는 총 매출 660억 달러 중에서 무려 97퍼센트를 광고

수익으로 벌어들였다.

전 세계적으로 인터넷이 확산되고 정보검색이 쉬워지자 온라인 마케팅이 마케팅영역 전면에 등장했다. 이메일 마케팅이 고객과의 주요 커뮤니케이션수단으로 등장했으며, 기업들은 고객들에게 제품과 솔루션을 알리기 위해 홈페이지를 구축하기 시작했다. 다만 홈페이지에 방문한 고객들을 어떻게 해보겠다는 개념과 기술은 한참 뒤에야 발전했고, 당시의 마케팅기법은 주로 푸시push 위주의 정보를 쏟아내는 데 집중되었다. 이에 따라 마케팅 테크놀로지 역시 푸시기술 위주로 발전했으며, 그 대표적인 것이 위에서 언급한 상업용 이메일이다.

2000년대 초부터는 데이터 베이스 마케팅에서 벗어나 소프트웨어 기반으로 고객과의 관계관리를 하는 CRM, 즉 '고객관계 마케팅Customer Relationship Marketing'이 본격적으로 성장하기 시작했으며, 이를 계기로 고객 데이터 베이스의 축적과 활용에 대한 중요성이 강조되었다. 또한 고객가치와 고객 라이프 사이클관리 같은 개념들도 보편화되기 시작했다.

마케팅에 있어서 2000년 초에 또 하나 주목할 만한 사건은 아웃바운드 콜 마케팅Outbound Call Marketing의 등장이다. 고객과의 직접적인 마케팅방식인 아웃바운드 마케팅이 CRM과의 연계를 통해 더 크게 성장하는 계기를 마련한 것이다. 참고로 이 시기에 필자는 한 통신기업의 콜센터 프로젝트를 진행했었는데, 1,000만 명 이상의 고객을 다루는 콜센터규모를 보고 마치 굴뚝산업 시대의 방직공장을 보는 듯한 거대함에 압도당한 기억이 있다. 특히 당시 금융기업들의 경우 CRM

시스템을 구축해 인바운드<sup>Inbound</sup> 마케팅과 아웃바운드 캠페인을 동시에 운용함으로써 많은 매출을 올리기도 했다. 콜센터 테크놀로지의 발전은 그 주변 생태계, 즉 관련 시스템 개발에 참여한 소프트웨어 및 하드웨어 테크놀로지기업들의 성장을 이끌기도 했다.

한편, 오늘날 자동화 테크놀로지와 디지털 미디어가 발달하고, 특히 고객과 직접 교감하는 소셜 미디어가 등장함에 따라 콜센터 테크놀로지 역시 이러한 변화에 적응해나가고 있다. 예를 들어 중국의 스마트폰 제조업체인 샤오미<sup>Xiaomi</sup>의 경우 현재 3,000명의 인원을 투입해 음성이 아닌, 채팅을 이용한 고객서비스를 시행하고 있다.


## 소셜 미디어와 모바일 마케팅의 등장


소셜 미디어의 등장은 마케팅 테크놀로지를 혁명적으로 진화시키는 데 크게 기여했다. 특히 2003년에 등장한 링크드인<sup>Linked in</sup>과, 2004년에 등장한 페이스북은 각각 B2B와 B2C시장에서 최대 소셜 미디어 플랫폼으로 성장했다. 링크드인의 경우 우리나라에서는 아직까지 많은 사용자를 확보하지 못했지만, 전 세계적으로 보면 2015년 현재 3억 명 이상의 전문직 종사자들과 직장인들이 이 플랫폼을 사용하고 있다. 최근에는 미국 차기 대권주자인 힐러리 클린턴이 이 플랫폼에 가입해 '나도 직장을 찾고 있어요'라는 콘텐츠를 올림으로써 수많은 팔로어들의 댓글을 유도한 사례도 있다.

　2010년 들어 마케팅에 영향을 미친 가장 놀라운 현상은 스마트폰이 예상보다 빨리 보편화된 것이다. 이 일을 계기로 소비자들의 구매 패턴이 빠르게 모바일 커머스로 이동했으며, 마케팅 테크놀로지를 둘러싼 경쟁 역시 모바일 디바이스를 중심으로 이투어지게 되었다. 1990년 초반부터 소비자들의 미디어 활용도가 어떻게 변해왔는지를 나타내는 다음 그림을 보면 이러한 상황을 한눈에 확인할 수 있다. 먼저 종이신문, 라디오, 잡지 등의 전통적인 매체들의 이용률은 2010년 이후 급격히 떨어졌다. 또한 TV의 이용률은 소폭 감소했으며, 고정형 인터넷의 이용률은 2004년 이후 정체된 모습을 보이고 있다. 반면에 모바일의 등장과 함께 소비자의 시선이 급격히 이동형 인터넷(모바일)

**미디어 활용도 변천사**

*1993~2006년 n = 1,200, 2008~2012년 n = 5,000, 2013년 n = 5,082, 2014년 n = 5,061

● 출처 : 전자신문, 2014

쪽으로 쏠리게 되었음을 확인할 수 있다.

이번에는 다음 그림을 통해 1999년 이후 미디어 디바이스의 출하량 추이가 어떻게 변화해왔는지 살펴보자. 그림을 보면 모바일기기의 출하량이 2003년부터 꾸준히 상승하기 시작해서 2010년을 변곡점으로 수요가 폭발하기 시작했음을 알 수 있다. 2007년 1월에 스티브 잡스가 맥월드 MacWorld에서 아이폰 iPhone을 소개하고, 2008년 7월에는 아이폰 3G를 론칭하자 지구촌에 아이폰 열풍이 불어닥쳤다. 이러한 현상에 놀란 안드로이드 기반의 단말기 제조업체들이 2010년 1분기부터 각종 스마트폰과 태블릿 모델들을 쏟아내면서 본격적인 모바일시대를 열었다. 이로 인해 이 시기에 모바일기기에 대한 소비자 활용률과 출하량이 동시에 상승한 것이다. 반면에 같은 시기에 PC 출하

전 세계 미디어 디바이스 출하량 추이

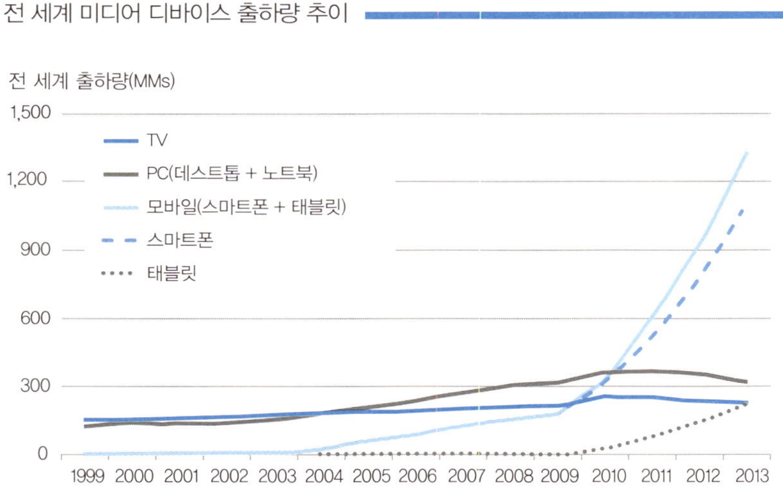


● 출처 : PCEB, 2014

량은 급격히 감소하기 시작했다.

이처럼 모바일 디바이스시장이 급속도로 성장하자, 모바일 앱 및 모바일 광고시장도 빠른 속도로 성장하게 되었고, 이로 인해 거대한 모바일 생태계가 형성되었다. 미국의 광고시장을 기준으로 소비자의 미디어 이용률과 해당 미디어에 대한 기업들의 광고비 지출비율을 비교해놓은 다음 그림을 보면 모바일 광고시장이 가진 잠재 성장성의 규모를 확인할 수 있다. 이 두 비율의 차이가 결국 광고시장의 효율성과 잠재 성장성을 나타낸다. 그림을 보면, 먼저 소비자들이 신문, 잡지, TV 등 전통적 미디어를 이용하는 시간은 줄어드는 데 비해,

**모바일 광고시장의 잠재 성장성**

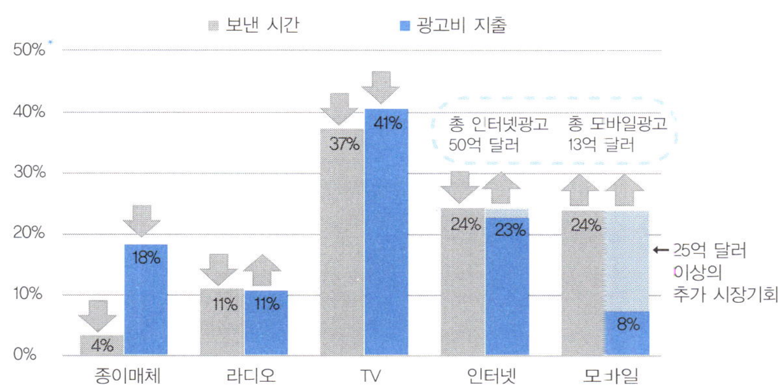



● 출처 : PCEB, 2015

아직까지도 많은 기업들이 해당 미디어에 과도한 광고비를 지출하고 있음을 알 수 있다. 또한 인터넷의 경우 소비자들의 이용률과 광고비 지출비율의 차이가 거의 없음을 알 수 있다. 반면에 모바일의 경우 두 비율 간에 무려 16퍼센트의 격차(잠재 성장성)를 보이고 있다. 이것은 금액으로 치면 무려 25억 달러 이상의 추가 성장기회가 남아있다는 사실을 의미한다.

한편, 앞서 'TV시대의 소비자의 모습'을 그림으로 묘사했던 존 마에다는 PC시대에서 모바일시대로 넘어오면서 변화된 소비자의 일상을 다음 그림과 같이 묘사했다. 그림을 보면, 오늘날 소비자들은 작은 스크린이 달린 슈퍼컴퓨터를 손에 들고 다니는, '디지털시대의 외로운 군중'이 되어버린 듯하다. 그리고 오늘날 이 작은 슈퍼컴퓨터 안에는 수많은 마케팅 콘텐츠들이 홍수를 이루고 있으며, 그 콘텐츠의 대부분은 소비자들이 스스로 만들어낸 가십거리와 소소한 이야기들, 그

PC시대에서 모바일시대로 전환되는 과정에서의 소비자 일상변화

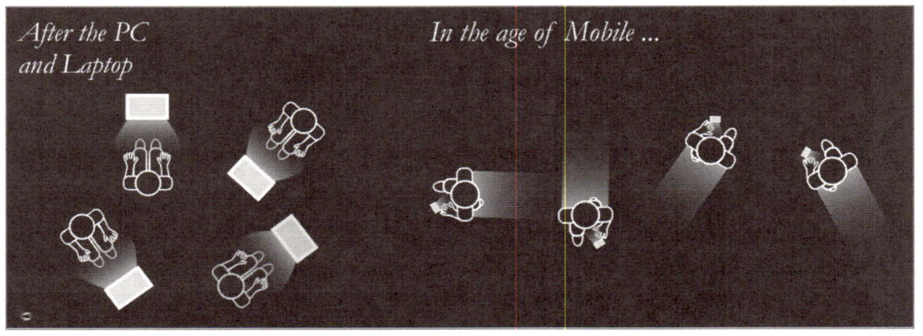


● 출처 : 존 마에다, SXSW 2015

리고 그들의 대화에 끼어서 메시지를 노출하려는 마케터들의 합작품
들이다.


## 플랫폼, 세상을 지배하다


모바일기기의 확산과 소셜 미디어의 등장으로 드디어 플랫폼의 시
대가 활짝 열렸다. 어찌 보면 플랫폼 사업자들은 인터넷의 최대 수혜
자로 볼 수 있다. 인터넷이 죽은 공간에서는 플랫폼 또한 아무것도 제
공할 수 없기 때문이다. 반면에 인터넷과 결합한 플랫폼의 위력은 실
로 엄청났다.

이러한 사실은 지금까지 세상에 등장했던 주요 매체들을 전 세계
인구 5,000만 명이 사용하는 데까지 걸린 시간을 비교해놓은 다음 쪽
의 그림을 통해 확인할 수 있다. 그림을 보면 전 세계 인구 5,000만
명이 사용하기까지 라디오는 38년, TV는 13년이 걸린 반면, 인터넷
은 3년, 대표적인 플랫폼인 페이스북은 채 1년도 걸리지 않았다는 사
실을 알 수 있다. 이것은 플랫폼이 가진 여러 장점이 결합한 결과였
다. 특히 플랫폼은 스마트폰에서 한계비용 제로에 가까운 앱을 다운
받으면 쉽게 가입과 이용이 가능하다는 매력적인 장점을 가지고 있
었다.

플랫폼의 또 다른 특징은 과거 독점적 영향력을 헛사했던 TV와는
달리, 정보검색은 구글, 소셜 커뮤니케이션은 페이스북과 링크드인

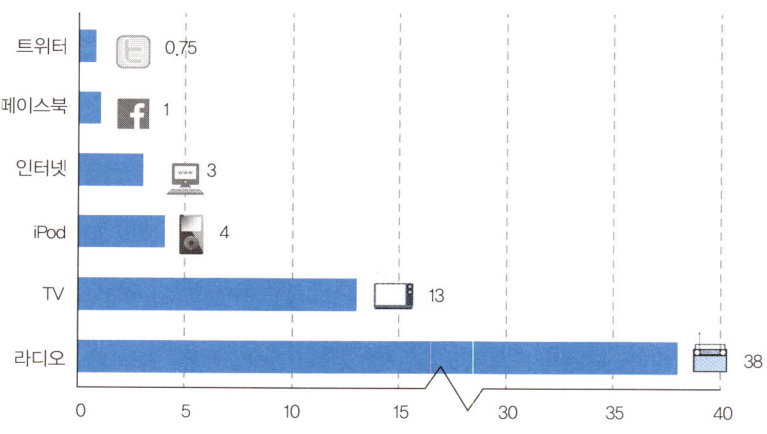


● 출처 : 스타티스타, 2015

하는 식으로 소비자들의 이용목적에 따라 각 영역별로 영향력을 행사하는 주체가 구분된다는 점이다. 구글보다 네이버의 영향력이 큰 우리나라처럼 지역별 차이를 보이기도 한다. 또한 플랫폼사업은 영향력 강화를 위해 조금이라도 도움이 되는 세력이라면 과감하게 M&A를 시도한다는 특징도 있다. 대표적으로 2013년에 페이스북이 밀레니얼 세대Millenials(1980년대 초부터 2000년대 초까지 출생한 세대)에게서 폭발적인 인기를 얻고 있던 인스타그램Instargram을 10억 달러(약 1조 1,000억 원)에 인수한 사례를 들 수 있다. 페이스북은 이처럼 새로운 미디어 채널인 동시에 커뮤니케이션 플랫폼인 인스타그램과 융합함으로써 놀라운 시너지를 만들어냈다. 실제로 다음 그림을 보면 페이스북에 인수된 2013년 이후 인스타그램의 사용자 수가 더욱 가파르

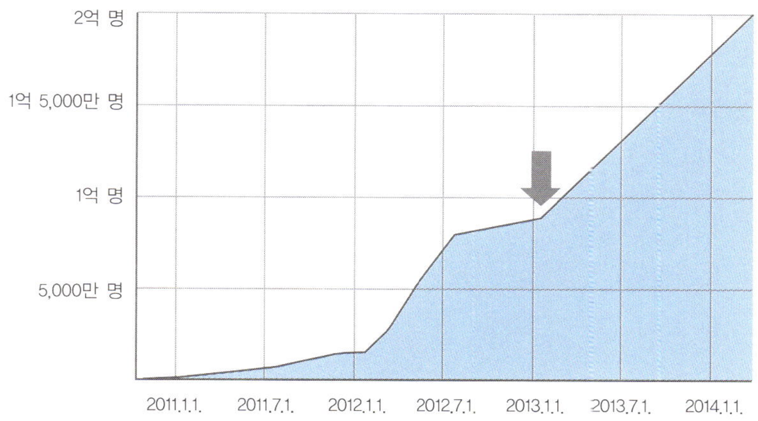


● 출처 : 저스트인잭슨, 2015

게 증가했음을 확인할 수 있다.

## 디지털 혁신에 따른 기업들의 대응

오늘날 소비자들이 디지털 미디어로 이동하고, 모바일 디바이스의 공급이 확대되고, 플랫폼이 디지털 커뮤니케이션영역을 점령하고, 사물 인터넷의 등장으로 초연결사회로 진입하는 현상은 인터넷이 연결된 모든 국가에서 거의 동일하게 일어나고 있다. 20세기 말 글로벌 마케팅의 중요성이 급부상하면서 한때 로컬 마케팅과의 차이에 대한 논쟁이 벌어졌다는 사실이 무색할 정도로, 지금은 전 세계적으로 동일한 디지털 플랫폼에서 소비자들 간의 대화·감동·구매가 일어나고 있다. 이제 기업의 경영자와 마케터들의 시선은 오직 소비자들의 구매행위가 어떻게 변화할 것인지에 집중되어 있다. 또한 이러한 상황은 특정 산업이나 B2C와 B2B시장을 가리지 않고 동일하게 벌어지고 있다.

상황이 이렇게 흐르자 눈치 빠른 글로벌 IT기업들은 조직 내부에 디지털 모니터링 인프라를 구축했다. 델컴퓨터Dell는 소셜 미디어를 모니터링하는 조직을 만들었고, IBM은 임직원이 직접 소셜 미디어에 연결된 고객들과 커뮤니케이션하며 신뢰를 쌓아가는 소셜 셀링Social Selling 개념을 도입했다. 이들 기업은 소셜 미디어를 통한 관계관리와 정보공유가 매출로 이어지는 비율이 높아진다는 사실을 인지하고, 전 세계에 상주하는 모든 임직원들에게 소셜 미디어 활용지침을 내려보내고 있다. 또한 어도비Adobe의 경우 디지털 마케팅사업을 중심으로 사업 포트폴리오를 새롭게 구성했으며, 네슬레는 디지털 마케팅의 전략과 실행, 데이터분석과 모니터링을 주관하는 엑셀러레이션Acceleration팀을 만들었다. 이처럼 글로벌 선진기업들이 소위 디지털 트랜스포메이션Digital Transformation, 즉 디지털체제에 맞춰 비즈니스환경을 전환하는 이유는 명확하다. B2C시장이든, B2B시장이든 고객들이 가상공간으로 이동한 상황에서 이것을 무시하고 과거의 커뮤니케이션방식을 고집할 수는 없기 때문이다.

조직적인 디지털 혁신을 꾀하는 기업 내부에서 일어나고 있는 또 하나의 큰 변화는 마케팅 관련 부서에 점점 더 많은 힘이 실리고 있다는 점이다. 이러한 트렌드는 기존의 마케팅조직에 데이터 사이언티스트 Data Scientist, MTO Marketing Technology Officer, CDO Chief Digital Officer, 마케팅 테크놀로지스트 Marketing Technologist와 같은 신종 직책이 생기는 현상과도 밀접한 관련이 있다. 이처럼 마케팅기술이나 이론 그리고 마케팅 조직 자체가 점차 과학과 융합해감에 따라 전 세계 기업들이 마케팅을 바라보는 관점이나 기대수준도 높아지고 있는 것이다. 또한 이러한 변화는 아직까지 전통적인 사고에 머물러있는 기업과 마케터들에게 '이제 당신이 새로운 변화에 적응해야 할 시간이 얼마 남지 않았다'는 경고의 의미를 담고 있기도 하다.

한편, 광고주(기업)들이 직접 마케팅 테크놀로지를 활용하는 사례가 늘어남에 따라 마케팅을 대행하던 기업들의 일감이 줄어드는 현상이 생기기도 했다. 예를 들면 과거 분석대행업체에서 하던 소셜 분석작업 등을 광고주들이 직접 소프트웨어를 활용해 진행하게 된 것이다. 그런데 마케팅 대행업체들의 입지가 줄어든 데는 좀 더 중요한 이유가 하나 있었다. 광고주들은 테크놀로지의 변화, 빅데이터의 등장, 소비자의 변화로 인한 난제들을 마케팅 대행업체들이 해결해주길 기대했지만, 이들 업체 역시 그러한 상황에 대한 대비가 되어 있지 않았기 때문이다. 이로 인해 쌓여가는 고객 데이터를 분석해보고자 하는 니즈가 강해진 광고주들이 분석 서비스기업에 분석작업을 의뢰하는 경우도 늘어나고 있다. 한마디로 단순하게 마케팅업무를 계행하는 기업들이 점점 더 생존하기 어려워지는 환경이 만들어지고 있는 것이다.

마케팅 테크놀로지는 광고시장 자체에도 큰 변화를 불러왔다. 예를 들면 광고주가 광고 대행업체를 거치지 않고 일종의 실시간 광고 거래 플랫폼을 통해 광고의 의뢰와 계약, 집행을 진행하는 프로그래매틱 광고<sup>Programatic Ads</sup> 등이 새로운 트렌드로 떠오르고 있다. 이처럼 광고의 거래 및 계약 프로세스가 단순해지고, 과학적 효율화를 추구하게 될수록 결국 전통적인 광고 대행업체들은 일자리를 잃을 수밖에 없다. 이러한 변화들이 바로 테크놀로지의 진화가 마케팅 생태계에 영향을 주는 대표적인 사례라고 할 수 있다.

테크놀로지의 진화를 막을 방법은 없다. 그로 인해 생산성과 효율성이 높아지면 기업들은 과거의 방식을 버리고 마케팅 테크놀로지를 개발하고 도입하기 위해 자금을 투자할 것이고, 이를 통해 더 나은 테크놀로지가 개발되는 선순환 프로세스가 지속적으로 이루어질 것이기 때문이다. 다음 내용부터는 이러한 테크놀로지의 발전으로 인해 마케팅분야에 불어닥친 여러 가지 변화에 대해 좀 더 심층적으로 살펴봄으로써 테크놀로지가 마케팅 세계를 어떻게 구조적으로 변화시키고 있는지를 확인해볼 것이다. 그 핵심내용을 간략하게 소개하면 다음과 같다.

① CRM의 새로운 융합과 진화
② '진실의 순간<sup>Moment of Truth</sup>'의 확장
③ 디자인과 마케팅 테크놀로지의 융합
④ B2C와 B2B 경계의 붕괴

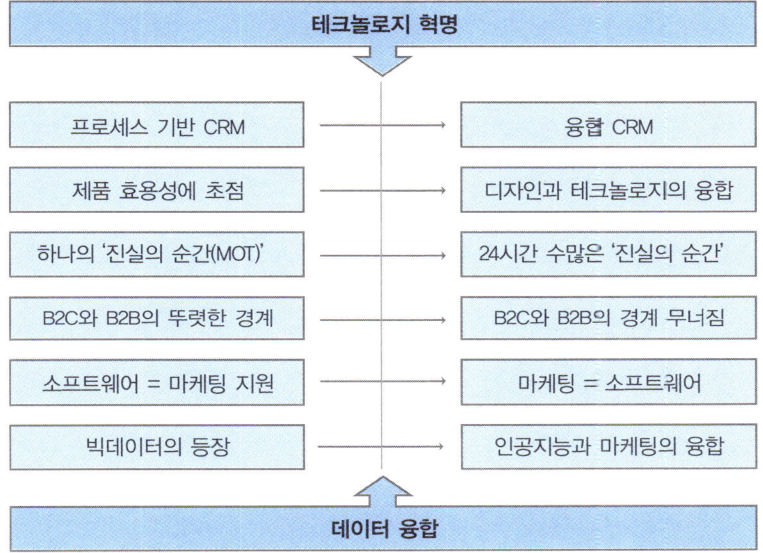


⑤ 새로운 산업을 형성하는 디지털 마케팅

⑥ 마케팅이 곧 소프트웨어인 시대의 도래

⑦ 인공지능과 인간감성의 충돌

# 30년 CRM 제국에
# 드리운 그림자

2001년은 2000년 3월부터 시작된 전 세계적인 IT버블 한가운데에 놓여있던 시기였다. 이 시기에는 인터넷을 이용한 수많은 시도들이 이루어졌으며, 'com' 자가 붙어 있는 기업들의 주식이 하늘 높은 줄 모르고 올라갔다가 거품붕괴로 인해 깊은 계곡으로 빠져들기도 했다.

2001년은 마케팅역사에 있어서도 매우 흥미로운 시점이었다. 인터넷 인프라가 구축되고 E-비즈니스가 확대됨에 따라 엄청난 정보가 기업 내부로 쏟아져 들어오면서 CRM이 마치 지금의 빅데이터처럼 거대한 성장의 사이클에 올라탄 것이 바로 이 시기였다. 그때까지의 마케팅역사에 있어서 전 세계적으로 CRM만큼 큰 붐을 일으킨 전례는 별로 없었다. 또한 CRM의 영역이 마케팅을 넘어 영업 및 서비스 분야까지 확장되면서 그 영역이 어디까지 확장될 것인지에 대한 궁금증을 불러일으키기도 했다. 전체 모습을 드러낸 CRM은 하나의 전략이었고, 프로세스였으며, 조직의 변화였고, IT 테크놀로지의 혁신이었다.

이처럼 CRM은 그 영역 확장성만으로도 관련 시장을 키울 수 있는 충분한 조건을 갖추고 있었다. 실제로 CRM은 'IT'를 주축으로, 과거 SCM Supply Chain Management과 ERP Enterprise Resource Planning에 버금가는 붐을 일으키며 거대한 시장을 만들어냈으며, 관련 소프트웨어나 컨설팅, 서비스를 제공하는 많은 기업들의 성장을 이끌었다.

반면에 CRM은 한때 비판의 중심에 서기도 했다. 투자 대비 효과를 증명하는 데 너무 많은 시간이 걸린다는 이유 때문이었다. CRM 도입에 따른 단기적인 성과가 보이지 않자 기업 내부에서 CRM에 관계했던 IT부서와 마케팅부서 그리고 경영진이 서로를 비난하는 상황이 빚어지기도 했다. 이러한 갈등은 주로 명확한 목적 없이 CRM 시스템을 도입했다는 것과, 이해관계자들의 입장에 따라 CRM을 보는 관점이 달랐다는 데서 비롯되었다. IT부서 입장에서 CRM은 IT 시스템 중의 하나였고, 마케팅부서 입장에서는 고객가치를 창출하기 위한 전략이었다. 또한 일부 기업에서는 CRM이 왜 필요한지도 모르는 상태에서 도입한 경우도 있었고, 내부 직원들이 어떻게 해야 CRM의 효과를 볼 수 있는지 모르거나, CRM 도입을 담당한 업체가 시스템 구축경험이 없는 경우도 있었다. 또 어떤 기업들은 비즈니스와 시스템 간의 정확한 맵핑분석도 해보지 않고 비싼 소프트웨어를 구매했다가 수많은 기능 중 이메일 보내기 정도만 활용하는 사례도 있었다. 이처럼 CRM에 대한 전체적인 방향과 목표가 불분명한 기업들에게 CRM은 악몽 그 자체일 수밖에 없었다.

## 마케팅의 지도를 바꿔놓은 CRM 혁명

그럼에도 불구하고 CRM은 지난 30여 년 간 마케팅역사에 거대한 흔적을 남겨놓았으며, 그 여정은 지금도 계속되고 있다. CRM 도입 초기에 큰 재미를 보지 못한 기업조차도 고객을 바라보는 관점과 고객을 대상으로 한 마케팅방식에 있어서는 큰 변화의 관점을 얻을 수 있었다. CRM 도입을 통해 어떤 유형의 고객 데이터를 모아야 하며, 고객통합 데이터 베이스를 구축해야 하는 이유가 무엇인지를 이해하게 된 것이다.

CRM의 등장으로 인한 가장 흥미로운 변화 중 하나는 그때까지 IT 문외한이었던 마케터들을 IT라는 이질적인 세계와 조우하게 만들었다는 것이다. 또한 CRM은 과거 대중매체 광고를 집행하거나, 브랜드를 관리하는 정도의 제한적인 역할에 머물렀던 마케터들에게 조직 내에서 권력을 행사할 수 있는 기회를 주기도 했다. CRM 도입에 따라 기업 내부적으로 마케터들의 고객정보 관리 및 분석역량이 매우 중요해졌을 뿐만 아니라, 그에 따라 마케팅부서에 할당되는 예산도 늘어났기 때문이다. 또한 CRM을 통해 마케팅을 계획하고 실행하는 기법도 늘어났다.

## 새로운 도전에 직면한 CRM의 운명

그러나 현시점에서 더 이상 CRM에 대한 환상과 붐을 기대할 수는 없다. 지난 30여 년 간 지속되었던 CRM시대가 저물어가고 있다. 이러한 현실은 구글 트렌드를 통해 연도별로 CRM에 대한 검색빈도가 전 세계적으로 어떤 흐름을 보이고 있는지를 확인해본 다음 그래프를 통해서도 알 수 있다.

그러나 이러한 흐름에도 불구하고 CRM의 중요성만큼은 전혀 줄어들지 않았다. CRM 시스템을 운영하던 기업들은 여전히 그 시스템

CRM에 대한 검색흐름(2005~2015년)

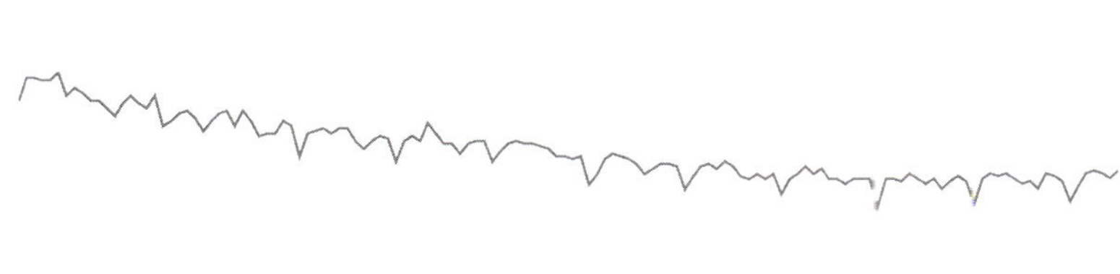


● 출처 : 구글 트렌드, 2015

을 유지하고 있고, CRM은 여전히 기업의 마케팅전략과 실행 프로세스 측면에서 중요한 역할을 차지하고 있다. 다만 '인터넷이 우리 생활의 일부분이 되면서 마치 그것이 사라지는 것처럼 보일 것이다'라는 구글의 에릭 슈미트Eric Schmidt 회장의 말처럼, CRM 역시 기업경영의 일부가 됨에 따라 그 중요성이 희석되었을 뿐이다. 이것은 CRM시장이 여전히 성장하고 있다는 사실을 통해서도 확인할 수 있다. 미국의 IT 관련 조사기관인 가트너Gartner에서 발표한 자료에 따르면, 2014년 기준 20조 원 규모의 글로벌 CRM 소프트웨어시장이 매년 15퍼센트의 성장을 지속해 2017년에는 37조 원 규모에 이를 것으로 예측되고 있다. 이러한 예측이 실현될 경우 CRM 소프트웨어시장의 규모는 2017년에 약 31조 원 규모의 ERP시장을 넘어서고, 약 13조 원 규모의 SCM시장과는 격차를 더욱 크게 벌릴 것으로 예상된다.

이밖에도 CRM시장이 지속적으로 성장할 것이라는 근거는 곳곳에서 찾아볼 수 있다. 먼저 현재 많은 기업들이 마케팅 테크놀로지에 대한 관심과 투자를 기울이고 있는데, 그러한 테크놀로지의 상당수가 바로 CRM과 융합한 형태로 발전된 것들이다. 또한 CRM은 클라우드 기반의 플랫폼시장을 성장시키는 데도 한몫을 차지하고 있다. 이것은 전체 CRM시장에서 클라우드분야가 차지하는 규모가 41퍼센트에 이른다는 사실로도 확인할 수 있다. 또한 현재 CRM이 커머스Commerce 분야와 융합해 동시 성장을 꾀하고 있다는 데서도 그 근거를 찾을 수 있다.

2010년 이후에 일어난 CRM시장의 변화, 즉 CRM이 새로운 트렌드들과 융합하고 있다는 점에도 주목할 필요가 있다. 하나는 빅데이터와의 융합이고, 다른 하나는 소셜 미디어 및 디지털 마케팅과의 융합이다. 빅데이터시장은 과거 CRM시장만큼이나 빠른 속도로 성장하고 있다. 특히 빅데이터는 CRM과 달리 각국 정부 차원에서도 깊은 관심을 나타내고 있다는 특징이 있다. 그런데 일반 기업의 마케팅에 있어서 빅데이터와 CRM을 따로 떼어놓고 생각하기는 어렵다. CRM 데이터 베이스 자체가 빅데이터에 해당할 뿐 아니라, CRM의 BI<sup>Business Intelligence</sup>로 데이터를 분석하는 행위 자체가 빅데이터분석에 해당하기 때문이다. 이처럼 기업에서 빅데이터분석 시스템을 도입한다고 해도 그것은 여전히 CRM과 접목된 형태일 수밖에 없으므로, 결국 CRM이 기업의 마케팅 및 영업분야의 중심 시스템이라는 사실에는 변함이 없는 셈이다.

한편, 빅데이터의 등장으로 인해 마케터들은 '빅데이터를 어떻게 이해하고, 어떻게 활용해서 가치를 만들어낼 것인가'라는 숙제를 안게 되었다. 특히 마케터들은 마케팅영역에 테크놀로지가 좀 더 깊숙이 들어왔다는 데서 일종의 공포심을 느끼고 있다. 과연 빅데이터의 하둡<sup>Hadoop</sup>을 이해하는 마케터가 몇 명이나 되겠는가? BI가 도대체 무엇인가? 현재 빅데이터 관련 세미나는 온통 엔지니어들로만 붐비고 있다. 그럼에도 불구하고 분명한 것은 빅데이터가 앞으로 더욱 테크놀로지로서의 모습을 드러낼 것이며, 그러한 테크놀로지가 점점 더 마케팅의 세계를 압박해올 것이라는 사실이다.

## CRM의 한계와 소셜 CRM으로의 진화

이번에는 CRM이 소셜 미디어 및 디지털 마케팅과 어떤 형태로 융합하고 있는지 알아보자. 소셜 미디어와 디지털 미디어의 확산은 CRM의 한계점을 분명히 드러나게 했다. 전통적인 CRM은 판매자와 소비자 간의 일대일 관계에 집중해서 고객가치를 여러 관점에서 분석하고, 이를 통해 장기적 수익을 내는 데 철저히 초점이 맞춰져 있었다. 그런데 소셜 미디어가 확산되면서 판매자와 소비자 간의 관계는 점점 소비자들의 친구, 친구의 친구 등으로 확산되어, 그들이 소셜 미디어공간 안에서 나누는 대화와 반응이 상품구매에 영향을 미치게 되었다. 이로 인해 다음 그림과 같이 CRM이 구축해왔던 판매자와 소비자 간의 일대일 관계가 판매자와 소비자의 소셜 네트워크 간의 관계로 확대되었다. 즉, 일대일 관계의 CRM이 소셜 CRM으로 진화된 것이다.

소셜 미디어의 확산으로 인한 고객과의 관계변화

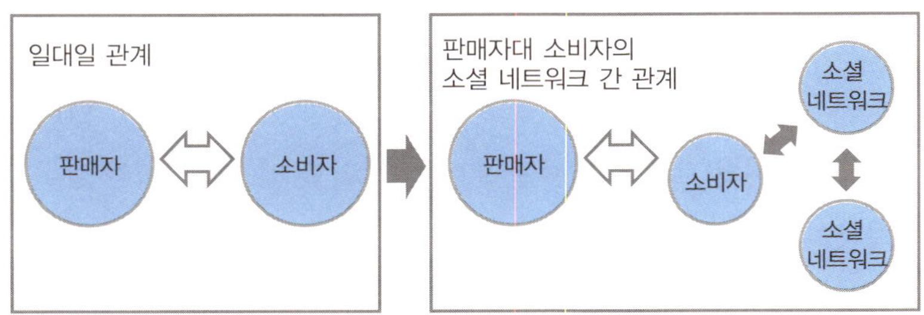

이러한 소셜관계를 관리하기 위해서, 소셜 미디어 관련 마케팅 테크놀로지는 4개의 분야로 나뉘어 발전하게 되었다. 즉, 소셜관계를 관리하는 SRM Social Relationship Management, 소셜 미디어에서의 소비자들의 목소리를 듣고 관찰하는 SEM Social Engagement & Monitoring, 소셜 마케팅 클라우드 플랫폼인 SMC Social Marketing Cloud, 기업 내부의 소셜 네트워크를 관리하는 SNI Social Network for Internal 등이 바르 그것이다.

한편, 이러한 소비자들과의 관계변화로 인해 전통적인 CRM 시스템의 구조로는 소셜 미디어와 같은 새로운 디지털 미디어를 품을 수 없다는 한계를 느낀 CRM 소프트웨어기업들은 소셜관계를 관리하며 마케팅할 수 있는 별도의 소프트웨어를 개발하거나, 디지털 마케팅 소프트웨어기업을 인수하는 전략을 취했다. 예를 들면 세일즈포스닷컴 Salesforce.com 은 디지털 마케팅 관련 솔루션기업인 이그젝트타깃 Exact Target 과 레이디언식스 Radian6 등을 인수했으며, 오라클 Oracle 은 엘로쿼아 Eloqua 와 버츄 Virtue 등을 인수했다.

소비자들이 대거 소셜 미디어공간으로 이동함에 따라 소셜관계를 관리하고 마케팅하는 소셜 CRM산업도 발전했다. 또한 소셜관계를 이용한 새로운 사업모델이 등장하기도 했는데, 그 대표적인 사례로 미국의 한 스타트업이 만든 '커피가 베이글을 만나다 Coffee meets Bagel' 라는 온라인 데이트 사이트를 들 수 있다. 기존의 온라인 사이트들은 대부분 고객 데이터 중에서 신청자와 매칭률이 가장 높을 듯한 데이트 상대를 추천하는 방식을 활용했다. 반면에 '커피가 베이글을 만나다' 사이트에서는 회원들의 페이스북 지인知人정보를 활용해서 데이트

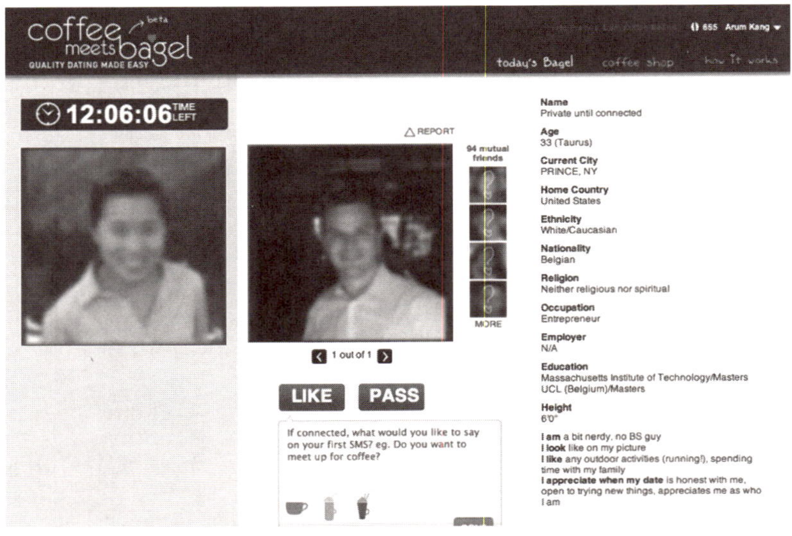

상대를 추천하는 방식을 적용했다. 회원들의 소셜 네트워크정보를 활용하면 신뢰성을 더욱 높일 수 있다고 판단한 것이다. 이 스타트업은 이러한 비즈니스 모델을 통해 780만 달러의 시리즈A 펀딩(벤처나 엔젤 투자에서의 초기자금<sup>seed money</sup> 투자)을 받아냈다.

다양한 디지털 미디어의 등장으로 B2B시장에도 큰 변화가 찾아왔다. 온라인상에서 활동하고 대화를 나누는 소비자들이 늘어나자 B2B 기업의 마케팅 캠페인 역시 소비자들이 대화를 나누는 미디어에 집중된 것이다. 또한 소비자들이 그러한 미디어에서 '좋아요'를 눌렀는지, 답글을 달았는지, 공유했는지 등을 분석하고, 그 정보를 해당 지역 영업사원들에게 전달하는 솔루션이 등장하기도 했다.

이제 마케터들은 인터넷에서 소비자들이 나누는 대화, 즉 비정형 데이터를 무시할 수 없게 되었고, 소셜 미디어를 통해 만들어지는 빅 데이터에서 의미 있는 정보를 찾아내야 한다는 과제를 안게 되었다. 또한 소셜 데이터와 기업 내부의 고객 데이터를 연결해 해석하는 일이 매우 중요해지게 되었다. 이것은 결국 앞으로는 기업 내부 데이터 뿐만 아니라 기업 외부 데이터를 분석해야 할 필요성이 점점 더 커질 것이라는 사실을 의미한다.

마지막으로, CRM은 사물 인터넷시대에 각종 소프트웨어 및 센서 sensor와의 융합을 통해 더 큰 역할을 할 것으로 보인다. 이디 많은 기업들이 위치기반 정보과 융합한 CRM 시스템을 활용해 고객상권을 분석하고 있으며, 여기에 고객의 앱과 연동한 비콘 Beacon(저전력 블루투스를 이용한 스마트폰 근거리 통신기술)이 고객의 스마트폰 화면에 캠페인 메시지를 뿌리고 있다. 사물 인터넷시대에는 고객이 차고 다니는 웨어러블 wearable을 통해 포착되는 정보들과 센서를 통해 포착되는 고객행동 패턴 등의 정보들이 모두 CRM 데이터 베이스에 저장되고 다시 마케팅을 위해서 활용될 것이다. 이처럼 마케팅에서의 다양한 상상이 현실이 되는 융합 테크놀로지 세계의 중심에는 여전히 CRM이 놓여있다.

# ZMOT, 새로운 '진실의 순간(MOT)'의 탄생

'새로운 경험을 해보십시오.'

이것은 스티브 잡스가 아이폰 론칭을 알리는 프레젠테이션 행사장에서 한 손에 아이폰을 들고 대중에게 던진 말이다. 그의 말처럼 아이폰은 대중들에게 분명 '새로운 경험'을 선사했다. 아이폰의 겉모습만으로는 단지 '심플하고 직관적인 디자인'이라는 생각이 들 뿐이지만, 직접 손가락으로 터치하며 화면을 넘겨보면 묘한 감탄의 느낌이 배어나온다. 모든 테크놀로지가 성공하지는 않는다. 소비자들이 혁신적인 테크놀로지의 구조를 알아야 할 필요도 없다. 혁신적인 테크놀로지가 성공하려면 잡스가 그랬듯이 소비자들에게 '놀라운 경험'을 제공해야 한다. 전 세계 여행객들을 대상으로 숙박공유 서비스를 제공하는 에어비앤비Airbnb와 모바일상으로 차량예약 서비스를 제공하는 우버Uber의 성공이 그 대표적인 사례에 해당한다. 이를 대변하듯 비즈니스 세계에는 현재 '고객에게 최고의 경험을 제공하라', '고객경험관리에서 이기는 자가 승리한다' 등 고객경험이나 경험관리를 포함한 문구들이 쏟아지고 있다.

'경험관리'의 중요성은 디지털 혁명의 시대로 넘어오면서 더욱 강조되고 있다. 마케팅의 중심이 커뮤니케이션에서 고객에게 경험을 제공하는 것으로 바뀌었기 때문이다. 고객들은 오프라인 매장에서 판매자가 제공하는 경험을 디지털공간에서도 동일하게 받을 수 있기를 바란다. 그리고 고객이 이러한 경험에 만족하면 재구매 고객이 될 가능성이 높아진다. 이로 인해 기업 마케팅영역에서 온라인과 오프라인에서의 고객경험을 통합관리하는 '옴니채널Omni channel'이라는 개념이 자리잡게 되었다. 기업들은 '경험관리' 경쟁에 돌입했고, 고객들은 더 직관적이고 반응이 빠르며, 자신이 원하는 정보가 가득차있는 온라인 쇼핑몰에 지갑을 열었다.

아마존의 성공 역시 고객경험 관리에서의 승리였다. 앞서 언급했듯이 아마존은 홈페이지의 개인화 추천 알고리즘, '원 클릭one click'으로 대표되는 구매 프로세스의 간결함, 뛰어난 고객서비스 처리능력 등에 힘입어 치열한 시장경쟁에서 승리할 수 있었다. 아마존의 CEO 제프 베조스Jeff Bezos는 심지어 원 클릭에 특허를 걸어서 반즈앤노블즈와

같은 경쟁자들이 따라하지 못하도록 했다.

다임러 벤츠 역시 고객경험에 관심을 갖고 '메르세데스 미Mercedes Me'라는, 고객을 위한 디지털 플랫폼을 만들었다. 고객들의 구매과정을 처음부터 끝까지 추적해 분석해본 결과, 디지털 플랫폼을 통해서 고객과 커뮤니케이션하고 고객들이 원하는 디지털경험을 제공하는 것이 중요하다는 사실을 깨달은 것이다. 고객들은 이 플랫폼을 통해 상담예약을 하고, 차량구매를 위한 대출서비스를 이용할 수 있다. 또한 이 플랫폼에 접속해 자신들의 아이디어를 제공하거나 카 쉐어링 같은 서비스를 이용할 수도 있다.

## 고객 구매여정에 따른 MOT 개념의 정립

고객의 구매여정이란 고객이 판매자를 만나서 구매를 진행하고, 구매 후 피드백을 하는 모든 과정을 의미한다. 특히 이러한 구매여정 중 고객과 판매자가 만나는 접점에서 고객이 제품에 대한 이미지를 결정적으로 느끼는 순간을 '진실의 순간Moment of Truth(이하 MOT)'이라고 표현한다.

MOT라는 용어는 2002년에 P&G의 CEO 앨런 라플리A.an G. Lafley가 주주에게 보낸 서한에서 처음 사용하면서 세상에 알려지게 되었다. 이후 MOT의 개념은 다음과 같이 크게 두 단계로 정리되었다. 첫 번째 단계의 MOT, 즉 FMOTFirst time Moment of Truth는 고객이 처음 제품을 접한 순간을 의미한다. 예를 들면 고객이 가전대리점에 방문해서 최신 전자제품을 보고 '야, 이런 제품도 있네' 하고 느끼는 순간을 말한다. 또는 인터넷으로 제품을 구매하는 고객이 혁신적인 구매 프로세스에 편리함을 느꼈다면 이 또한 FMOT에 해당한다. 이것이 바로 구매 프로세스의 혁신이 필요한 이유이기도 하다.

두 번째 단계의 MOT, 즉 SMOTSecond time Moment of Truth는 고객이 제품을 구매한 후 실제로 사용하면서 '이 제품 정말 괜찮은데'라고 느끼는 순간을 의미한다. 과거에는 제품을 사용해본 고객의 SMOT가 다른 고객들에게 미치는 영향이 그다지 크지 않았다. 기껏해야 자신의 사용경험을 가까운 사람들에게 구두로 전달하는 정도에 그쳤기 때문이다. 그러나 지금은 제품을 사용해본 고객들이 사용경험을 디지털공간에 올리기 때문에 해당 고객의 SMOT가 다른 많은 잠재고객들의 SMOT에까지 영향을 미치게 되었다.

이처럼 MOT의 개념이 정립되자 기업의 마케팅 운용에도 중요한 변화가 일어났다. 기업들이 제품을 어떻게 디자인하고, 매장전시를 어떻게 해야 고객들로부터 더 나은 MOT를 얻게 될지 관심을 갖게 된 것이다. 또한 SMOT 측면에서는 고객들이 제품을 사용할 때 편리함과 만족감을 느낄 수 있도록 제품의 편리성과 내구성 측면에 더욱 집중하게 되었다. 즉, 기업들이 고객의 구매여정을 따라가면서 고객과 만나는 접점마다 더 나은 경험을 제공해야 한다는 사실을 깊게 인식하게 된 것이다.

## 새로운 MOT의 탄생, 구글의 제로 MOT

디지털시대로 넘어오면서 고객이 MOT를 접하는 공간이 더 이상 오프라인 매장으로만 한정되지 않았다. 이러한 상황은 B2B영역에서도 다르지 않았다. 디지털 콘텐츠가 풍부해지고, 언제 어디서나 접속이 가능하며, 고객이 정보를 더 빠르고 상세하게 접할 수 있게 됨에 따라 고객이 굳이 기업의 영업사원을 통해서만 MOT를 경험할 필요가 없게 된 것이다. 이와 관련해 구글은 2011년에 3개 대륙, 5개 산업군을 대상으로 한 자체적인 조사분석 결과를 토대로 '디지털시대의 소비자에게는 '제로Zero MOT(줄여서 ZMOT)'가 존재한다'고 선언했다.

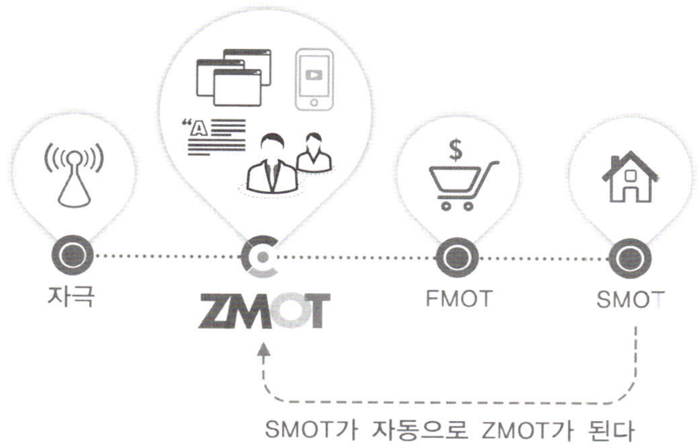


● 출처 : www.google.com

실제로 오늘날의 소비자들은 제품을 보기 위해 매장에 가기 보다는 스마트폰 등을 통해 제품에 대한 정보를 검색하며, 제품에 대한 이미지나 설명보다는 직접 사용해본 사람들이 남긴 사용후기에 더 많은 영향과 공감을 받고 있다. 이러한 마음의 동조가 구매의사 결정에 많은 영향을 주는 것이다. 이처럼 고객들이 MOT를 온라인 검색을 통해 접하게 되자, 기업들은 홈페이지나 소셜 미디어, 블로그 등 대한 투자를 늘려 각 구매 사이트에 올라온 사용후기나 파워 블로그에 올라온 고객평가에 적극적으로 대응하게 되었다.

한편, 모바일 인터넷의 등장은 고객이 언제 어디서든 MOT를 접하는 '24시간 ZMOT'의 시대를 만들었다. 기업들은 이러한 변화에 대응해 2가지 측면에서의 대책을 마련해야 했다.

하나는 고객들이 가장 많이 쓰는 디바이스에 최적화된 콘텐츠를 제공해야 한다는 것이다. 이에 따라 구글을 비롯한 많은 기업들이 자신들의 웹사이트를 모바일에서 최적화되도록 구성했다. 이와 함께 고객들이 사용하는 디바이스에 맞춰 콘텐츠를 자동으로 최적화해주는 반응형 웹 기술이 발전하기도 했다.

다른 하나는 고객들이 어떤 마케팅 채널을 통해 제품을 검색할지 모르므로 자신들의 콘텐츠가 모든 마케팅 채널에서 효과적으로 제공되는지를 지속적으로 체크해야 한다는 것이다. 오늘날 고객들은 스마트폰으로 이메일을 확인하고, 태블릿으로 소셜 미디어를 보고, PC로 블로그를 보는 등 24시간 자신이 선택한 어떤 디바이스나 마케팅 채널을 통해서도 ZMOT를 접할 수 있다. 한마디로 기업들이 온라인과 오프라인 통합 마케팅 커뮤니케이션IMC 관점에서 고객들이 선택하는 모든 마케팅 채널에 일관성 있는 콘텐츠를 제공해야 하는 시대가 된 것이다.

## 스타벅스, MOT 혁신을 이끌다

스타벅스Starbucks는 고객경험 관리 측면에서 MOT를 가장 효과적으로 활용한 기업으로 꼽힌다. 초기 스타벅스의 성공을 이끌었던 하워드 슐츠Howard Schultz가 2000년에 CEO 자리에서 물러나자 이 기업은 혁신성을 잃고 밋밋한 기업으로 전락하는 위기를 맞았다. 이로 인해 기업의 성장이 하향세를 걷기 시작하자 결국 2003년에 슐츠가 다시 CEO로 복귀했다. 복귀 이후 그는 구성원들에게 자부심을 불어넣고 사내복지에 신경 쓰는 한편, 고객과의 모든 접점에서 최고의 가치를 전달하는 데 집중했다.

그는 먼저 ZMOT 관점에서 모바일 앱, 홈페이지, 소셜 미디어에 대한 투자에 집중했다. 오늘날 스타벅스 고객의 94퍼센트가 페이스북에서 스타벅스의 팬이거나 팬의 친구라는 사실이 이러한 투자의 가치를 증명한다. 특히 스타벅스에서 자체적으로 운영하는 '마이 스타벅스 아이디어My Starbucks Idea'라는 웹사이트가 SMOT의 효과를 크게 높여주었다. 스타벅스의 고객들은 이 웹사이트에 스타벅스 제품에 대한 다양한 아이디어를 올릴 수 있으며, 그 아이디어가 현실화되는 과정도 확인할 수 있다. 결과적으로 스타벅스는 이러한 커뮤니티를 통해 고객들의 충성도를 크게 높일 수 있었다.

또한 스타벅스에서는 FMOT 관점에서 고객들이 매장에서 스마트폰으로 결제할 수 있는 시스템을 구축했다. 이러한 시스템에 따라 고객들은 스타벅스의 모바일 앱을 다운로드 받아 모바일 결제는 물론 선주문도 할 수 있게 되었다. 〈월스트리트저널〉에 따르면, 미국 스타벅스 매장에서는 일주일에 700만 건의 모바일 결제가 발생한다고 한다. 또한 고객이 은행처럼 돈을 넣어두었다가 쓸 수 있는 스타벅스 고객보상 프로그램에는 미국 시장을 기준으로 2014년 12월 기준 1,000만 명이 등록되어 있으며, 충전식으로 사용하는 스타벅스 카드

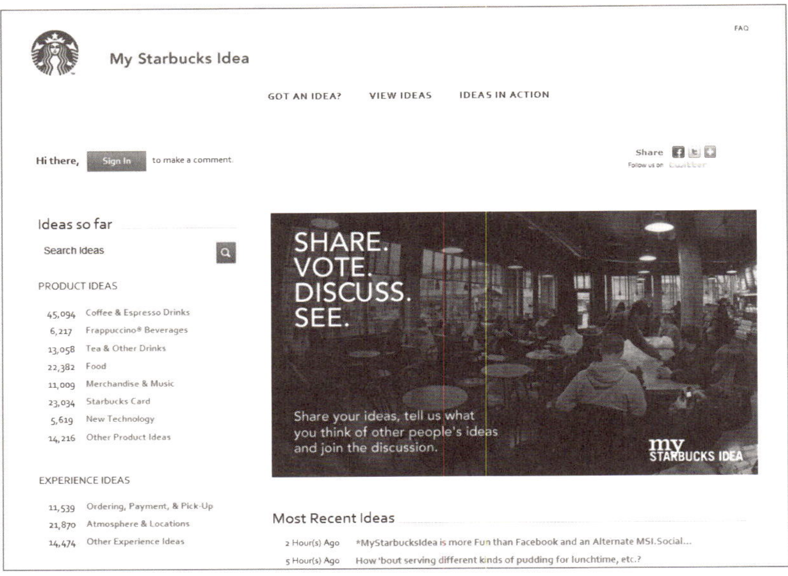


에는 4조 원이 넘는 금액이 예치되어 있다고 한다.

아날로그방식으로 세계적인 커피체인으로 성장한 스타벅스가 이 제는 디지털 미디어와 마케팅 테크놀로지를 활용해 혁신적인 서비스 를 제공하는 미래형 테크놀로지기업으로 거듭나고 있는 것이다.

# 디자인,
# 마케팅 테크놀로지를 만나다

　　마케팅의 역사는 크게 '오직 효용을 강조한 마케팅의 시대'와 '디자인을 입은 마케팅의 시대'로 구분된다. 공급자가 시장을 지배했던 대량생산 시대에는 기업의 혁신이 주로 제품의 품질과 효용성에 맞춰져 있었다. "소비자들은 원하는 색깔의 모델 T를 살 수 있다. 다만 검정색에 한해서 그렇다"고 한 헨리 포드의 말이 이때의 산업분위기를 그대로 대변해준다. 그는 차량의 색깔을 검정색 하나로 통일하면 비용이 절감되어서 그만큼 품질을 높일 수 있다고 생각했으며, 실제로 자동차를 다른 색깔로 도색하는 데 들어가는 페인트 비용을 절약

하는 대신 자동차 동체의 품질을 높이는 데 더 신경을 썼다. 반면에 1923년에 GM의 경영을 맡은 알프레드 슬로안<sup>Alfred Sloan</sup> 2세는 자동차에 스타일을 입힘으로써 고객들이 매년 새로운 자동차를 사도록 유혹했다. 그 결과 GM은 1931년에 포드의 판매액을 추월할 수 있었다.

전자제품 시장 역시 초기에는 효용성에 초점이 맞춰져 있었다. 기업의 마케팅도 하나 같이 제품의 우수한 기능을 강조하는 데 집중했다. 초기 삼성전자와 LG전자에서 만든 가전제품 역시 이러한 틀에서 벗어나지 않았다. 이러한 관례는 전문 청소기 제조기업인 다이슨<sup>Dyson</sup>에서 만든 혁신적인 디자인 제품 등이 시장에 나오면서 비로소 깨지기 시작했다. 이후 삼성전자와 LG전자에서도 제품 디자인에 많은 변화를 시도했다. 예를 들면 LG전자의 빨간색 세탁기는 LG전자의 프론트 로드 세탁기(문을 앞으로 당기며 여는 드럼 세탁기)가 세계 시장 점유율 1위로 올라서는 데 결정적인 기여를 했다. 월풀의 전형적인 하얀색 세탁기가 점령하고 있던 미국 시장에 빨간색으로 디자인된 LG전자의 세탁기가 등장하자 소비자들은 매우 흥미롭고 혁신적이라는 반응을 보였고, 그러한 반응에 힘입어 제품은 불티나게 팔려나갔다. LG전자는 이러한 디자인 혁신을 통해 제품의 효용성을 높이는 차원을 넘어 브랜드 가치를 높이는 계기를 마련할 수 있었다.

연결의 시대에도 디자인은 테크놀로지와의 융합을 통해 산업의 중심으로 들어왔다. 그 대표적인 사례로 미국의 유명 랩퍼인 닥터 드레<sup>Dr. Dre</sup>가 제작한 '비츠<sup>Beats</sup> 헤드폰'을 꼽을 수 있다. 비츠 헤드폰은 사람의 머리와 귀의 구조에 맞게 디자인되어 최적의 편안함을 제공했

● 출처 : 구글, 2015

다. 또한 50미터 내에서는 휴대전화와 무선으로 연결해 사용할 수 있도록 했고, 전화가 오면 통화모드로 기능이 전환되고, 배터리도 20시간 이상 지속해서 사용할 수 있었다. 이러한 디자인과 기능 차원에서의 혁신 덕분에 이 제품은 가격이 비교적 고가인 300달러다였음에도 불구하고 히트제품이 될 수 있었다. 이 사례는 이제 가격으로 경쟁하는 시대는 지나갔으며, 테크놀로지와 디자인의 융합을 통해 제품에 더 많은 가치를 부여하면 소비자들은 기꺼이 그 가치를 구매한다는 사실을 단적으로 보여주고 있다.

## 디지털시대의 디자인 주류는 단순함

모든 디자인에는 나름의 철학이 있다. 테크놀로지와 융합한 디자인 철학의 주류는 단순함이었고, 이러한 철학은 소비자를 대상으로 하는 제품에 깊숙이 녹아들었다. 복잡한 기능의 제품은 점점 사라지고, 대부분의 제품에 직관적으로 이해할 수 있는 디자인이 적용되었다. 이와 관련해 로드아일랜드 디자인스쿨의 총장을 역임하고, 현재 KPCB 투자회사의 파트너로 있으며,《단순함의 법칙》의 저자이기도 한 존 마에다는 최근 다음과 같이 흥미로운 말을 했다.

"나의《단순함의 법칙》이란 책이 그렇게 반향을 일으킬 줄 몰랐다. 나는 정통 엔지니어도 아니고, 컴퓨터 사이언티스트도 아니다. 그러나 나는 디지털이 지배하는 시대에 디자인은 테크놀로지와 융합할 운명이라는 사실을 알았다. 지난 세기에 미학과 테크놀로지가 그랬듯이, 21세기에는 예술과 디자인이 우리의 경제를 변혁시킬 것이다."

흥미롭게도 마에다가《단순함의 법칙》을 출간한 시기(2006년)와 비슷한 시점에 스티브 잡스의 애플 역시 바로 그 단순함의 법칙으로 성장가도를 달렸다. 2007년 말에는 단순함의 예술이라 불리는 '아이폰'이 출시되어 100만 대를 목표로 팔려나갔다. 2000년에 출시된 파워맥 큐브의 경우 지나치게 단순한 디자인에 신경 쓰다 '휴지통 디자인'이라는 오명을 얻기도 했지만, 단순함을 강조한 애플의 디자인 철학이 하이테크 제품 디자인뿐만 아니라 모든 제품 디자인에 대한 생각을 바꿔놓은 것만은 분명해보인다.

● 출처 : 맥머더쉽닷컴, 2015

## 디자인과 마케팅 테크놀로지와의 조우

디자인 혁신은 제품 디자인뿐만 아니라 마케팅 테크놀로지에도 영향을 미쳤다. 초기 인터넷시대의 웹사이트나 이메일은 디자인을 고려하지 않았다. 당시에는 인터넷이나 이메일 자체가 신기하게 인식되었으므로 굳이 디자인을 고민할 이유가 없었던 것이다. 2000년대 초반까지만 해도 세계 주요 도시들은 인터넷 연결을 대부분 모뎀에 의존하고 있었다. 필자가 2005년에 삼성전자의 컨설턴트로서 밀라노를 방문했을 때 그곳의 한 주재원이 '이탈리아에는 수천 년 동안 도로에 돌과 자갈이 깔려 있었기 때문에 디지털 마케팅은 먼 미래의 일일 뿐이다'라는 취지의 말을 한 적이 있었다. 실제로 당시 필자 역시 돌로 뒤덮인 이탈리아의 도로를 거닐며 '어느 세월에 이 도로에 광케이블을 깔 것인가?' 하는 의문이 들기도 했다. 그러나 그로부터 불과 5년이 지난 2010년이 되자 광케이블을 걱정할 필요가 없어졌다. 무선 인터넷이 전 세계를 연결시켜 놓은 것이다.

인터넷 연결속도가 빨라지자 웹디자인에도 많은 변화가 일어났다. 과거 텍스트 위주로 구성되었던 웹사이트에 화려한 그래픽과 동영상 파일이 들어갔다. 또한 웹콘텐츠의 비주얼이 중요해짐에 따라 짧은 시간에 고객의 시선을 끌고 고객에게 정확한 의미를 전달하기 위해 '인포그래픽(Information+graphic)'이 마케팅수단으로 등장했다. 이처럼 비주얼효과와 고객구매 간의 상관관계가 중요해지자, 마케터들은 어떤 비주얼과 디자인이 고객의 주목을 더 끌 수 있는지를 연구하게 되었다.

디자인은 데이터와도 융합되었다. 데이터시장이 폭발적으로 성장하자 데이터를 더 효율적으로 보여주는 데이터 시각화<sup>Data Visualization</sup> 소프트웨어산업도 함께 성장했다. 방대한 데이터를 테이블로 정리해서 보는 것은 더 이상 시대의 흐름과 맞지 않았다. 특히 소셜 미디어 시대에 등장한 소셜 그래프<sup>Social Graph</sup>는 데이터 시각화 측면에서 소셜 미디어공간에서의 관계를 다음 쪽 그림과 같이 아름다운 모습으로 표현해주었다. 참고로 이 그림은 스캇 벨이라는 사람의 소셜 미디어에서의 관계를 표현한 것이다.

디자인은 마케팅 소프트웨어산업과도 융합되었다. 과거의 소프트

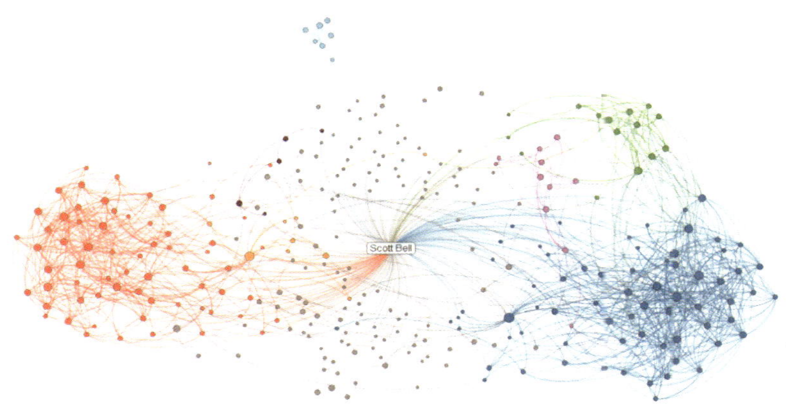


● 출처 : Iheartwallstreet.com, 2015

웨어 화면은 너무 복잡했다. 마케팅 소프트웨어도 마찬가지였다. 마케팅을 위한 소프트웨어였음에도 불구하고 마치 IT 전문가를 위해 만든 것 같았다. 그러나 이러한 트렌드로는 직관적이고 단순한 디자인의 트렌드를 이길 수 없었다. 따라서 대부분의 상업용 소프트웨어가 경쟁적으로 단순한 UI로 바뀌기 시작했다. 또한 고객경험의 중요성이 강조됨에 따라 소프트웨어 역시 사용자경험User Experience 관점에서 설계되기 시작했다. 이러한 변화로 인해 사용자들은 더욱 편리하게 소프트웨어를 이용할 수 있게 되었고, 관련 시장에서 UX 전문가들이 환영 받게 되었다.

한편, 디자인과 마케팅 테크놀로지의 융합은 산업구조상의 변화를 불러오기도 했다. 무엇보다 뛰어난 디자이너를 구하기 위한 소프트웨어기업들의 수요가 늘어났고, 디자인 전공 인재들이 코딩을 배우거나, 반대로 컴퓨터 엔지니어들이 디자인을 배우는 모습도 증가했다. 앞서 언급한, 놀라운 고객경험을 제공함으로써 성공궤도에 오른 에어비앤비의 창립자 중 조 게비아<sup>Joe Gebbia</sup>와 브라이언 체스키<sup>Brian Chesky</sup>는 로드 아일랜드 디자인스쿨 출신이다. 당연히 에어비앤비의 웹사이트 디자인에 창립자들의 지식과 경험이 반영되었다. 최근 나이키를 테크놀로지기업으로 진화시키고 있는 CEO 마크 파커 역시 디자이너 출신이다.

디자인은 '창의성'이라는 측면에서 마케팅의 본질과 일치한다. 오늘날 디자인과 마케팅의 융합이 원활하게 이루어지는 것도 이러한 이유 때문일지 모른다. 앞으로도 디자인과 제품의 융합뿐만 아니라, 디자인과 마케팅 테크놀로지와의 융합, 디자이너와 컴퓨터 엔지니어와의 융합, 디자이너 사업가가 테크놀로지분야로 진출하는 사례들이 점점 늘어날 것으로 보인다.

# B2C와 B2B 경계의 붕괴

대중매체 시대의 마케팅은 수많은 개별 소비자들을 대상으로 하는 B2C 마케팅이 중심을 이루었다. B2C기업들은 TV광고를 독차지할 정도로, 반응이 즉각적이고 메시지 도달범위가 넓은 매스 미디어광고에 집중했다.

반면에 B2B기업들의 마케팅은 주로 전시회나 전문잡지를 중심으로 이루어졌다. 이러한 차이는 B2C기업의 제품과 B2B기업의 제품의 구매 사이클이 다르다는 데서 비롯되었다. 예를 들어 B2C기업 제품의 경우, 유명 연예인이 등장하는 뛰어난 콘셉트의 광고를 미디어를 통해 내보내면 소비자들의 즉각적인 반응을 얻을 수 있었다. 반면에 B2B기업의 제품은 고객사에서 실제 구매하기까지 상당한 시간이 소요되었다. 일단 고객사에서 제품을 구매해야 하는 필요성이 생겨야 하고, 그러한 필요성에 맞는 솔루션을 찾은 후 내부 의사결정을 통해 계약하는, 길고 복잡한 과정을 거쳐야만 실제 구매가 이루어지기 때문이다. 또한 당시에는 'B2B사업은 영업현장에서의 사람과 사람의 관계가 중요하다는 인식'이 지배적이었기 때문에, 마케팅부서의 역할이 제품 카탈로그를 만드는 정도에 한정되는 악순환이 만들어졌다. 한마디로 과거에는 B2B 마케팅의 역할을 매우 제한적인 시각에서 바라본 것이다.

## 테크놀로지의 진화로 인한 B2B 마케팅의 변화

이러한 시각은 데이터 베이스의 구축과 CRM의 확대 등을 통해 고객사와 고객사의 의사결정자에 대한 정보화가 진행됨에 따라 바뀌기 시작했다. 1990년대와 2000년대에 걸쳐 B2B 선진기업들은 고객 세그먼트를 대표하는 가상의 고객유형을 만들어서 마케팅에 활용하는 바이어 페르소나Buyer Persona 분석기법, 핵심고객 하나하나를 차별화해 접근하는 마케팅방식인 KAM Key Account Management기법, 마케팅활동을 고객구매 단계에 따라 체계적으로 관리하는 마케팅 파이프라인 프로세스 등을 구축해나갔다. B2B 마케팅영역에 테크놀로지가 활용되고, 마케팅의 과학화가 진행되기 시작한 것이다.

그러나 이러한 마케팅 테크놀로지의 발전에도 불구하고 B2B 마케팅의 근본적인 구조에는 변함이 없었다. 영업사원들이 전달해주는 정보가 여전히 고객사의 구매결정에 결정적인 영향을 미쳤으며, 마케팅 실무자들은 영업사원들이 CRM 시스템에 고객정보를 업데이트해주어야만 고객상황을 파악할 수 있었다.

그런데 본격적인 디지털시대에 접어들면서 디지털 매체가 발전하고 모바일 디바이스의 보급이 확대되자 B2B와 B2C 마케팅의 경계가 무너지는 현상이 나타났다.

B2B기업의 고객사의 임원들은 더 이상 제품에 대한 정보를 실무자들의 리서치 결과에 의존할 필요가 없었다. 직접 인터넷 검색을 통해 제품에 대한 정보를 얻을 수 있게 되었기 때문이다. 심지어 이들이 B2B기업의 영업사원보다 더 많은 정보를 알게 됨으로써 B2B기업에서 제품판매에 더욱 어려움을 겪는 상황이 벌어지기도 했다. 상황이 이렇게 흐르자 B2B기업들도 온라인 커뮤니티를 만들고 그 공간에서 관계를 형성하는 데 관심을 가지기 시작했다. B2B기업의 마케터들이 소셜미디어에서 고객사의 구성원들과 관계를 맺고 제품정보를 흘리기도 했다. B2B 마케팅영역에서 전통적인 커뮤니케이션방식에서 탈피해 소셜미디어를 통해 브랜드 마케팅을 해야 하는 상황이 만들어진 것이다.

이러한 프로모션을 통해 B2B기업들은 새로운 영업기회를 모색해나갔다. 삼성전자, HP, 델컴퓨터, 인텔 등 테크놀로지 기반의 제품을 판매하는 글로벌 기업들은 대표적인 비즈니스 네트워크 인맥 사이트인 링크드인Link in에 대한 과감한 투자를 단행했다. 또한 페이스북에서는 이러한 상황을 지켜보며 B2B시장을 넘겨다보기 시작했다.

이러한 변화로 인해 디지털 미디어와 디지털공간에서 B2B영역 고유의 특징을 반영한 마케팅도구들이 개발되기 시작했다. 백서<sup>White Paper</sup>, e-Book, 솔루션 데모 및 웨비나(Web Seminar의 줄임말) 등의 고객대상 커뮤니케이션도구들이 바로 그것이다. 이러한 도구들은 B2C영역에서는 거의 쓸모가 없었지만, 고객들에게 새로운 제품에 대해 '교육'해가며 거래를 성사시켜야 하는 B2B영역에서는 절대적으로 필요한 도구들이었다. 온라인 파워포인트 자료 공유 사이트인 슬라이드쉐어<sup>Slide share</sup>가 성공한 이유도 이러한 변화와 무관하지 않다.

한편, B2B기업의 마케터들은 위와 같은 환경변화에 따라 마케팅 프로세스, 즉 어떤 고객이 어떤 디지털 매체에 반응을 보이고, 그러한 반응에 어떻게 대처해야 하는지를 고민하게 되었다. 구매 사이클이 긴 B2B시장의 특성상 고객상황을 체크해가며 고객반응 정보를 영업부서에 효과적으로 전달해주는 프로세스가 무엇보다 중요하기 때문이다. 이런 이유로 B2B기업의 마케팅영역에서는 마케팅 캠페인에 반응을 보이는 고객정보를 의미하는 '마케팅 리드<sup>Marketing Lead</sup>'와 같은 개념들이 중요한 의미를 가지게 되었다.

## 더욱 정교하게 발전하는 B2B 마케팅 테크놀로지

B2B 마케팅의 경우 콘텐츠전략에 있어서도 B2C와는 다른 특징이

있었다. 디지털시대에서의 시장경쟁이 치열해지고 유행의 변화가 빨라지면서, B2C기업의 '고투마켓Go to Market' 전략은 민첩하고 빠른 시장진입과 고객확보에 맞춰져 갔다. 반면에 B2B 마커팅의 경우 여전히 고객구매 사이클분석에 기반한 '적절한 타이밍'이 중요했다. 즉, B2B기업의 마케터들은 인내심을 가지고 고객의 구대여정을 따라가며 고객과의 일관성 있는 커뮤니케이션을 통해 영업기회를 만들고, 그것을 영업부서에 연결해주어야 했다. B2B 마케팅에 있어서 적절한 타이밍이란 바로 위와 같은 마케팅활동 과정에서 고객상황에 맞춰 마케팅 메시지를 보내는 것을 의미한다. 그래야만 높은 고객반응을 유도할 수 있기 때문이다.

최근의 마케팅 테크놀로지는 여러 측면에서 B2B 마케팅을 과학적으로 진화시키고 있다. 마케팅활동을 통해 얻은 영업기회 정보를 미리 설정한 룰에 따라서 담당 영업사원에게 시스템적으로 넘겨주는 자동화기술과, 고객이 캠페인 메시지에 반응하면 미리 준비한 다음 단계의 유인용 메시지를 발송하는 자동화기술, 이메일 마케팅 캠페인 메시지에 반응한 고객이 소셜 미디어에 해당 제품을 추천하거나 댓글을 다는 등의 반응을 했는지를 추적하는 기술과 이러한 정보를 담당 영업사원에게 제공하는 기술 등이 더욱 정교하게 개발되고 있다. 이처럼 B2B 마케팅영역에서도 마케팅 테크놀로지의 활용도가 B2C 영역에 절대 뒤지지 않게 진화하고 있다. 이에 대한 보다 상세한 내용은 2부에서 설명하겠다.

# 디지털 마케팅의
# 르네상스

2010년경부터 마케팅시장에 매우 흥미로운 일이 발생했다. 인터넷 시장붐이 일었던 1990년대 말에서 2000년대 초에 이르는 시기에 잠깐 모습을 드러냈다가 관심 밖으로 밀려났던 '디지털 마케팅'이라는 개념이 다시 화려한 조명을 받으며 등장한 것이다. 지난 20여 년 간 다양한 디지털 매체들이 등장했고, 마케팅분야에도 그러한 디지털 매체들의 이름을 딴 이메일 마케팅, 블로그 마케팅, 온라인 마케팅, SNS 마케팅, 모바일 마케팅 등이 계속 탄생했다. 그러나 대부분의 기업에서 특정 마케팅방식에 의존하지 않고 이러한 방식들을 다양하게 활용했음에도 불구하고, 이것을 포괄하는 개념의 용어는 존재하지 않았다. 그러다 디지털 마케팅이 바로 그러한 개념으로서 재조명받게 된 것이다. 이처럼 오늘날의 디지털 마케팅은 이메일, 소셜 미디어, 블로그, 모바일 앱 등의 디지털 미디어를 이용하는 소비자들을 대상으로 디지털 콘텐츠를 노출시키면서 수요를 창출하는 방식의 모든 마케팅 기법을 포괄하는 의미를 가지고 있다.

## 디지털 마케팅의 성장배경

오늘날 소비자들은 노트북, 스마트폰, 태블릿 등 적게는 2~3개에서 많게는 4개 이상의 디지털 디바이스를 이용해 여러 디지털 매체를 옮겨 다니고 있다. 이러한 점에서 디지털 매체 전체를 대상으로 한 마케팅전략과 실행에 초점을 맞춘 디지털 마케팅의 중요성이 더욱 부각되고 있다. 이처럼 디지털 마케팅이 마케팅 중심영역으로 들어온 데는 디지털 미디어의 발전이라는 배경 이외에 다음과 같은 배경이 큰 영향을 미쳤다.

먼저 1995년에는 대부분 유아나 어린이였던 밀레니얼 서대(Y세대)가 이제 직장 초년생이 되어 디지털 콘텐츠의 주요 소비층이 되었다. 또한 1995년에 5,000만 명에 불과했던 지구촌 인터넷 인구도 지금은 30억 명으로 늘어났다. 독일의 시장조사업체인 스타티스타[Statista]에서 조사한 자료에 따르면, 소셜 미디어 계정을 갖고 있는 사용자 수 역시 2005년부터 10여 년 간 꾸준히 늘어난 결과, 2015년에는 20억 명, 2018년에는 25억 명에 이를 것으로 예측된다고 한다. 바로 이러한 배경들이 디지털 마케팅이 영향력을 발휘하는 데 있어서 큰 힘을 실어준 것이다.

## 마케팅의 대세로 떠오른 디지털 마케팅

앞서 언급했듯이 20여 년 전에도 디지털 마케팅이라는 용어는 있었다. 그러나 그 개념이 PC를 이용한 온라인 마케팅과 이메일 마케팅에 한정되어 있었기 때문에 오늘날과 비교할 수준은 되지 못했다. 반면에 오늘날의 디지털 마케팅은 광고, 분석기술, 데이터 시뮬레이션, 자동화수준 등 모든 분야에서 과거와 비교할 수 없는 새로운 전기를 맞고 있다. 이와 관련해 글로벌 벤처캐피털기업인 파운데이션 캐피털Foundation Capital에서 작성한 보고서에 따르면, 디지털 마케팅시장과 디지털 마케팅 관련 테크놀로지시장이 모두 폭발적으로 성장해서 2020년에는 2015년 대비 10배 이상 성장할 것으로 예측된다고 한다. 또한 IT 관련 조사기관인 가트너에서는 2015년 기준 세계 디지털 마케팅시장의 규모를 2,000억 달러로 추정하고 있다.

이러한 현상은 다음 쪽 그래프와 같이 구글 트렌드를 이용한 디지털 마케팅 관련 검색 트렌드 추이변화를 통해서도 확인할 수 있다. 그래프를 보면 2003년경에 처음으로 등장한 디지털 마케팅 관련 검색

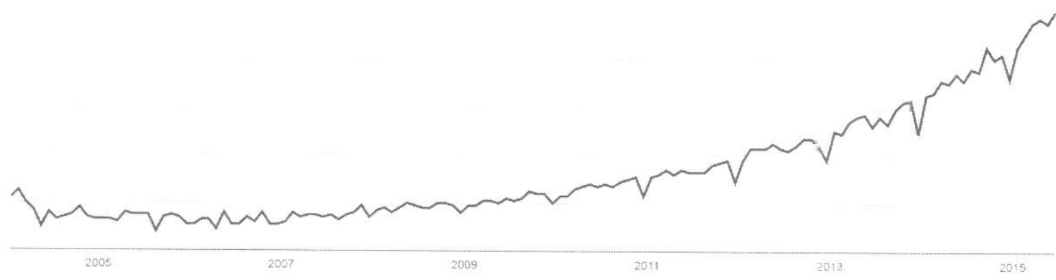

● 출처 : 구글 트렌드, 2015

트렌드가 2010년부터 가파른 상승세를 타고 있음을 알 수 있다. 또한 다음 그래프처럼 네이버 트렌드를 통해서도 동일한 결과를 확인할 수 있다. 이러한 결과들은 결국 2010년을 전환점으로 디지털 마케팅시장이 급성장했다는 사실을 분명하게 보여주고 있으며, 이것은 앞서 2장 38~39쪽 그림을 통해서 확인했듯이 스마트폰의 보급과 모바일 광고시장이 급성장한 시기와도 일치한다.

네이버 트렌드로 검색해본 디지털 마케팅 검색 트렌드

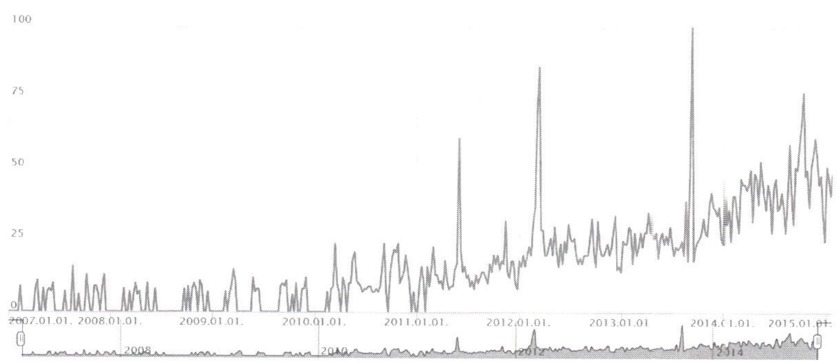

● 출처 : 네이버 트렌드, 2015

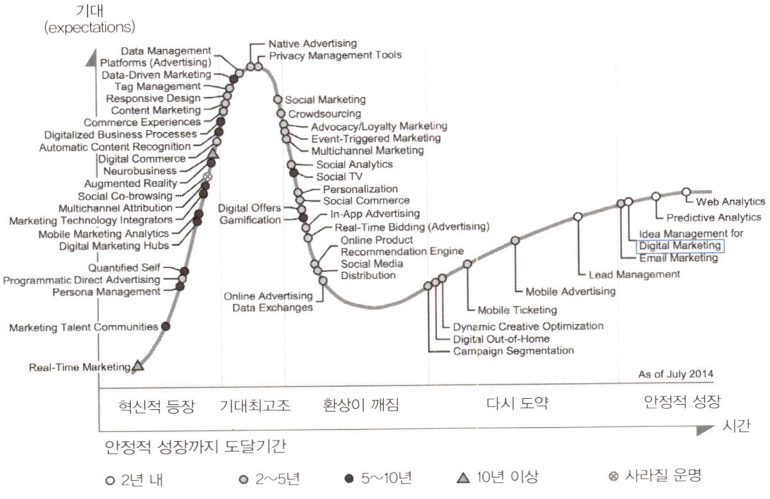



● 출처 : 가트너 하이퍼 사이클 리포트, 2014

가트너에서는 매년 〈하이퍼 사이클 리포트 Hyper Cycle Report〉라는 보고서를 통해 테크놀로지에 대한 허풍, 환상 및 실제 생산성을 조사해 발표하고 있다. 그런데 가트너에서 발표한 2014년 보고서를 보면, 위의 그림과 같이 디지털 마케팅은 이미 과다 기대와 환상이 깨지는 구간을 벗어나 실제 기업현장에서 생산성을 입증하는 시기에 들어섰음을 알 수 있다.

디지털 마케팅의 중요성이 부각되면서 SNS, 블로그, SEO 및 콘텐츠 마케팅에 대한 기업의 관심과 투자도 눈에 띄게 늘어났다. 이에 따라 웹콘텐츠 관리 시스템, 마케팅분석 및 자동화기술, UX 디자인 및 마케팅 클라우드 테크놀로지 등 마케팅 테크놀로지 관련 시장도 성장세를 보이고 있다. 디지털 마케팅이 기업현장에 파급되는 속도와 관련 기술이 발전하는 속도, 마케팅 투자액이 증가하는 속도가 지금과 같이 유지된다면, 앞으로는 '디지털 마케팅이 곧 마케팅'이라는 개념이 성립할지도 모른다. 실제로 이와 관련해 앞으로 5년 뒤에는 디지털 마케팅이라는 용어가 사라질 것이란 예측도 나오고 있다. 무엇보다 분명한 것은 초연결시대에서도 디지털 마케팅이 더욱 중요한 마케팅수단으로 남을 것이라는 사실이다.

# 마케팅이
# 곧 소프트웨어인 시대

넷스케이프의 창업자이자 벤처 캐피털리스트인 마크 앤드리슨<sup>Mark</sup> <sup>Lowell Andreessen</sup>은 2001년 〈월스트리트저널〉과의 인터뷰에서 '소프트웨어가 세계를 먹고 있다'고 이야기했다. 그의 말처럼 현재 전 세계적으로 소프트웨어 개발 열풍이 불고 있다. 이것은 소프트웨어 개발을 통해 많은 스타트업들이 엄청난 부를 거머쥐었다는 배경과 함께 에어비앤비나 우버 등의 소프트웨어 테크놀로지 개발기업들이 구글과 페이스북 등에 이어 시장의 새로운 강자로 떠올랐다는 배경 등이 작용한 결과로 볼 수 있다.

한편, 디지털 마케팅의 발전으로 기업 마케팅영역에도 소프트웨어의 영향력이 점차 커지고 있다. CRM을 비롯해 디지털 미디어를 대상으로 하는 마케팅에 소프트웨어가 활용되는 경우가 늘어났기 때문이다. 소비자들이 PC, 태블릿, 스마트폰 등을 통해서 보는 모든 디지털 콘텐츠가 바로 기업의 마케팅 소프트웨어를 이용해 만들어진다. 이처럼 오늘날 기업의 마케팅영역에서는 '마케팅 = 소프트웨어'라는 등식이 성립될 정도로 소프트웨어의 중요성이 부각되고 있다.

이러한 영향으로 마케팅 테크놀로지 관련 소프트웨어를 개발하는 기업들이 우후죽순처럼 늘어났다. 특히 오늘날의 소프트웨어는 주로 효용성에 초점을 맞췄던 과거와 달리 혁신적인 아이디어와 고객에게 주는 편리성까지 고려해 개발되기 때문에 때로는 하나의 소프트웨어가 기존 비즈니스 생태계를 흔드는 힘을 가지기도 한다.

디지털이 촉발시킨 데이터시장의 성장도 소프트웨어시장의 성장을 견인했다. 빅데이터이든 스몰데이터이든 데이터 그 자체로는 땅속에 묻혀 있는 석유처럼 아무런 가치가 없다. 데이터에 가치를 부여하기 위해서는 그것을 관리하고 분석하는 소프트웨어가 반드시 필요하다. 이것이 바로 데이터시장과 소프트웨어시장이 동시에 성장할 수밖에 없는 이유이다. 전통적인 데이터 분석 서비스를 제공하던 엑시엄Axiom이나 던 앤드 브리드스트리트D&B와 같은 기업들은 이러한 시장변화를 간파하고 그들의 서비스에 적극적으로 테크놀로지를 접목함으로써 세계 최고 수준의 데이터 서비스기업으로 거듭나며 성장을 지속하고 있다. 현재 수많은 기업들이 엑시엄과 같은 기업에서 제공하는 데이터를 자신들의 마케팅 소프트웨어에 접목해 활용하고 있다.

오늘날에는 소프트웨어기업에 대한 정의도 달라졌다. 과거에는 이 것이 소프트웨어를 개발·판매하는 기업만을 지칭했다면, 지금은 소 프트웨어를 비즈니스에 융합한 기업까지를 포괄하는 개념으로 바뀌 었다.

예를 들면 오늘날 나이키는 더 이상 스포츠용품만을 만드는 기업 으로 생각할 수 없게 되었다. 나이키는 그들의 고객들이 디지털공간 으로 이동하고 있다는 사실을 빠르게 눈치 채고, 스포츠용품 이외에 웨어러블과 모바일 앱을 개발함으로써 하드웨어와 소프트웨어와의 융합을 시도했다. 즉, 고객들이 나이키의 스포츠용품과 그와 관련된 모든 디지털 하드웨어와 소프트웨어를 하나의 패키지상품으로 인식 하도록 한 것이다. 그러한 시도 중 하나로 고객이 손목에 차고 다니며 사용하는 웨어러블인 '나이키 퓨얼밴드Fuelband'를 들 수 있다. 나이키 는 고객 편의적인 측면에서 고객들이 이 제품을 통해 스스로 운동한 데이터(운동량, 거리, 시간, 칼로리 등)를 앱을 통해 확인하면서 목표에 도 전할 수 있도록 유도했다. 이러한 나이키의 고객 소통방식은 고객들 에게는 흥미를 제공하는 한편, 나이키 입장에서도 전략적인 차원에서 고객들이 앱에 남기는 다양한 데이터를 제품개발 등에 이용할 수 있 다는 이점을 얻을 수 있게 해주었다. 다만 최근 나이키는 웨어러블사 업에 대한 경쟁우위를 확신하지 못하고 웨어러블 디바이스사업을 아 웃소싱하는 등 원점에서 고민을 하고 있다. 그럼에도 불구하고 나이 키가 앞으로도 소프트웨어사업을 강화할 것이라는 사실만은 분명해

보인다. 이와 관련해 현재 나이키를 이끌고 있는 CEO 마크 파커는 최근 '미래의 나이키는 더욱더 소프트웨어기업으로 나아갈 것'이라고 밝히기도 했다.

이러한 변화가 소비자시장에서만 일어나는 것은 아니다. 대표적인 B2B기업인 GE는 최근 '산업 인터넷Industrial Internet'을 표방하며 디지털 혁신에 박차를 가하고 있다. 과거 6시그마 혁신을 이끌었던 GE가 전통적인 하드웨어 중심의 시장에서 위협을 받게 되자 이제 디지털 혁신의 리더로서 거듭나고 있는 것이다. 특히 대표적인 소셜 미디어인 페이스북, 핀터레스트Pinterest, 구글플러스, 트위트 등을 활용해 B2C기업 못지않게 활발하게 브랜드 마케팅을 하고 있는 모습이 인상적이다. GE의 사례처럼 꼭 제품홍보를 목적으로 하지 않더라도, 산업 전반에 대한 혁신을 강조하는 콘텐츠로 고객들을 유도하는 것 또한 치밀한 B2B 브랜드 마케팅전략에 부합한다고 볼 수 있다.

GE는 이러한 디지털 혁신에 그치지 않고 현재 소프트웨어기업을 지향하고 있다. 이와 관련해 2011년에 GE의 CEO 제프리 이멜트Jeffrey Immelt는 IT 기반 테크놀로지기업들이 시장에서 강세를 보이고, 하드웨어가 점점 범용품화되어가는 모습을 보고 위기감을 느꼈다면서, 향후 GE는 소프트웨어 및 분석기업으로 거듭날 것이라고 선언했다. 더 이상 윈드 터빈이나 제트엔진만 판매하는 기업이 아닌, 소프트웨어와 데이터를 기반으로 기존의 하드웨어와 융합해서 새로운 가치를 만들어내겠다는 의지를 표명한 것이다. 이러한 측면에서 GE는 2013년에 헬스케어 산업을 위한 소프트웨어 개발에 20억 달러를 투자하겠다고 발표했다. GE는 이러한 투자를 통해 자사가 공급하는 솔루션과 의사 및 의료 관계자들이 새로운 차원에서 시스템 기반의 협업을 하도록 유도할 계획이다. 그리고 당연히 그 이면에서 사물 인터넷을 통해 발생하는 엄청난 데이터들을 활용해 고객들을 분석하고 그것을 새로운 제품개발 등에 재활용할 것이다.

## 마케팅 테크놀로지기업의 무한확장

현재 마케팅 소프트웨어 관련 시장은 어느 정도 성장하고 있을까? 이와 관련해 '치프마텍Chiefmartec'이라는 블로그를 운영하며 마케팅

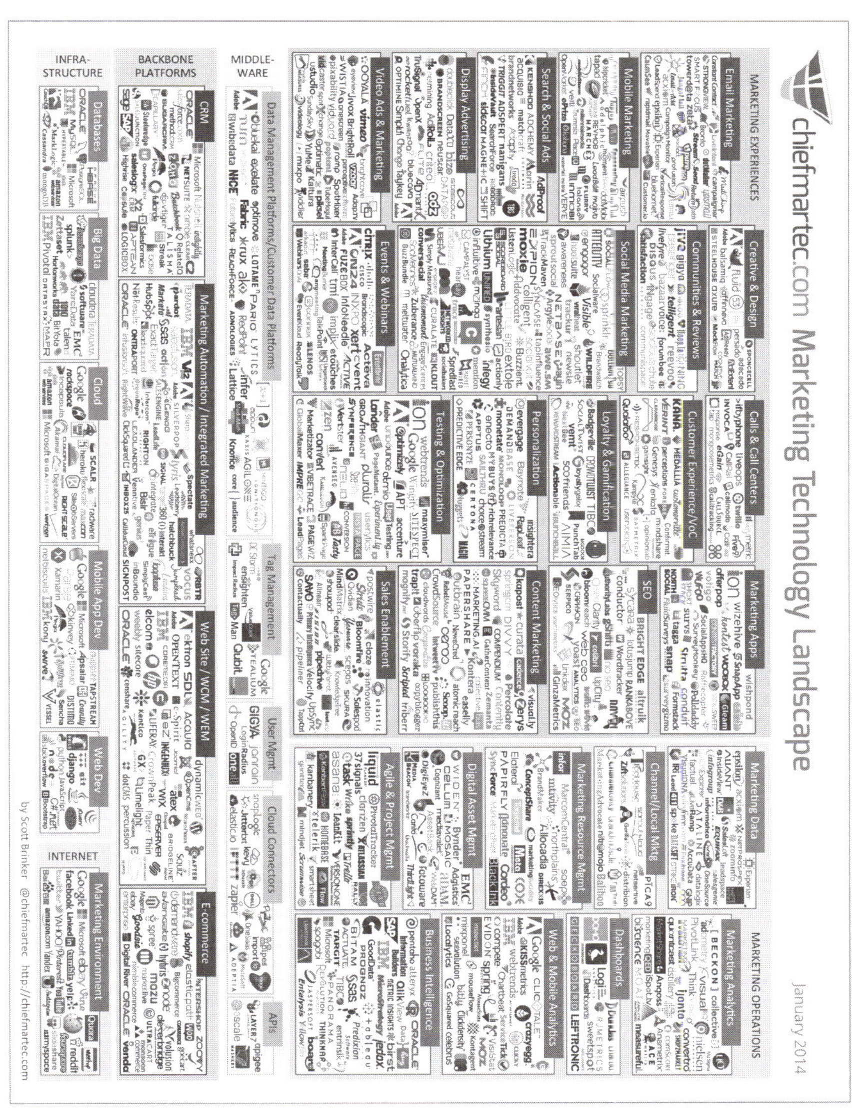

● 출처 : 치프마텍, 2015

과 테크놀로지의 융합에 대해 깊이 연구해온 스캇 브링커<sup>Scott Brinker</sup>
는 전 세계 시장을 대상으로 마케팅 테크놀로지 관련 기업이 얼마나
되는지를 조사해보았다. 그 결과, 2015년 1월을 기준으로 1,876개 기
업이 있음을 확인했다. 2012년에는 350개, 2014년 1월 기준으로는
947개 정도였던 관련 기업 수가 마치 무어의 법칙처럼 1년에 2배씩
증가한 것이다. 또한 전 세계적으로 지금까지 마케팅 테크놀로지기
업들에게 210억 달러 이상의 자금이 펀딩되었다고 한다. 이 자금 중
110억 달러가 마케팅 경험영역에, 60억 달러가 마케팅 운영분야에,
30억 달러가 마케팅 백 본 플랫폼영역에, 10억 달러가 마케팅 미들웨
어분야에 투자되었다.

이러한 조사결과는 현재 마케팅이 테크놀로지에 상당한 영향을 받
고 있으며, 미래에는 더 많은 영향을 받을 가능성이 크다는 사실을 예
측하게 해준다. 또한 마케팅 테크놀로지는 기업의 필요에 의해 도입
될 수도 있지만, 역으로 혁신적인 테크놀로지를 개발한 기업이 그러
한 테크놀로지의 생산성과 효율성을 강조함으로써 수요를 일으킬 수
도 있다는 점에서 성장의 전망을 더욱 밝게 하고 있다.

마케팅 테크놀로지산업이 성장하는 이유는 다음과 같이 대략 5가
지로 정리해볼 수 있다.

첫째, 데이터 분석시장이 성장했기 때문이다. 미디어가 다양해지
고, 투자대상이 분산되면서 마케팅의 관심은 온통 투자에 대한 효과
(ROI)에 쏠리게 되었다. 이에 따라 어떤 미디어가 효과적이었는지, 어
떤 콘텐츠가 효과적이었는지에 대한 기업들의 분석니즈가 갈수록 증

가했다. 이처럼 고객 데이터분석부터 트랜잭션 데이터<sup>Transaction data</sup>
분석에 이르는, 기업들의 데이터분석 니즈가 강해지건서 관련 솔루
션(분석 소프트웨어)시장이 성장하게 된 것이다. VB 인사이트<sup>VB Insight</sup>에
서 2015년 1분기에 전 세계 2,100개 투자기업과 투자 이벤트 및 상
장자료를 추적한 결과에 따르면, 2014년에는 마케팅 테크놀로지분야
에 450억 달러가 투자되었으며, 2015년 1분기에도 이미 30억 달러
가 투자되었다고 한다. 그 중에서도 가장 많은 투자를 일으키고 있는
것이 바로 분석 소프트웨어분야였다.

둘째, 고객경험 관리의 중요성이 강조됨에 따라 관련 테크놀로지가
급성장했다. 고객경험 관리에서 승리하는 기업이 더 많은 고객을 가
져가는 시대로 접어들자, 관련 테크놀로지들이 점점 고객에게 더 나
은 경험을 제공하는 방향으로 진화했다. 이러한 현상은 웹페이지, 이
메일, 모바일 앱 등 고객들이 기업 또는 기업의 제품을 만나는 모든
접점에서 일어나고 있다.

셋째, 마케팅 자동화관리 솔루션시장이 성장했기 때문이다. 마케팅
미디어 채널이 다양해지면서 고객이 어디에서 어디로 이동했는지 추
적하기 어렵게 되자 이것을 관리해주는 통합관리 솔루션시장이 성장
한 것이다. 참고로 마케팅 자동화가 변화시킬 미래 마케팅 트렌드에
대해서는 2부에서 보다 상세히 설명하겠다.

넷째, 마케팅은 표준화가 힘들다는 점 때문이다. 마케팅분야는 기
본적으로 창의력과 상상력을 기반으로 하기 때문에 표준화라는 단어
가 자리잡기 힘들다. 이러한 속성으로 인해 마케팅 관련 소프트웨어

역시 표준화된 사례를 찾기가 쉽지 않다. 마케팅 솔루션시장에서 특정 기업이 높은 점유율을 차지하는 경우도 없으며, 기업 전체에 적용되는 표준화된 마케팅 프로세스를 찾기도 어렵다. 예를 들면 마케팅 분야에서는 ERP와 같은 시스템을 보기가 어렵다. 디지털 마케팅영역은 더욱 표준화와 거리가 멀었다. 이것은 특정 마케팅 시스템을 도입한 기업에서 업무 프로세스를 표준화하는 것과는 의미가 다르다. 그나마 가장 포괄적인 마케팅 시스템이 바로 CRM이다. 그래서 현재 상당수의 마케팅 테크놀로지들이 CRM 시스템과 연동해 개발되고 있는 것이다.

마지막으로, 마케팅이 마케팅 플랫폼에 의해 점령당했기 때문이다. 페이스북, 링크드인, 구글은 2000년 이후 세계 커뮤니케이션시장의 중심이 된 플랫폼들이다. 우리나라의 경우 이 영역에 네이버와 다음카카오가 굳건히 자리잡고 있다. 세계를 평정한 플랫폼들은 다시, 기업들이 이러한 플랫폼을 활용해서 마케팅할 수 있는 테크놀로지를 개발하는 기업들을 만들어냈다. 이처럼 하나의 플랫폼에 많은 마케팅 테크놀로지기업들이 들러붙는 거대한 생태계가 형성됨에 따라 테크놀로지시장의 전체 규모가 커지게 된 것이다. 또한 플랫폼기업들은 M&A를 통해 다른 기업들이 개발한 테크놀로지를 흡수함으로써 자신들의 영향력을 더욱 넓혀나가고 있다. 때로는 자신들의 플랫폼을 이용해 직접 마케팅을 실행함으로써 수익을 창출해내는 경우도 있다. 이러한 영향으로 결국 2000년 이후 기업의 마케팅은 SNS 플랫폼과 검색 플랫폼에 의존하는 처지가 될 수밖에 없었다.

## 마케팅 소프트웨어의 수준이 기업의 미래를 결정한다

이제는 빅데이터분석, 마케팅 자동화, 플랫폼, 고객경험 관리 등 어느 것 하나 소프트웨어와 떼어놓고 생각할 수가 없다. 이로 인해 소프트웨어산업이 산업계 전반에 침투하며 규모를 점점 키워나가고 있다. 마케팅 테크놀로지산업은 투자자들의 관심이 가장 크게 쏠리는 영역이기도 하다. 실제로 현재 전 세계적으로 이 분야에 엄청난 투자자본이 몰리고 있으며, 이러한 영향으로 실리콘밸리뿐만 아니라 인도와 이스라엘의 스타트업까지도 마케팅 소프트웨어 개발에 혈안이 되어 있다. 또한 똑똑한 소프트웨어 개발자들이 이 분야에 몰려들고 있고, 소프트웨어와 관계없는 전문가들도 소프트웨어를 배우고 있으며, 세계 각국 정부 차원에서의 지원도 이어지고 있다.

마케팅 소프트웨어산업의 경우 브랜드 가치가 높은 몇몇 소수의 소프트웨어기업이 시장을 독차지하고 있다고 오해할 수 있지만, 실제로는 동일한 영역에서 새로운 소프트웨어가 계속해서 만들어지는 레드오션 시장을 형성하고 있다. 이것은 소프트웨어의 알고리즘이 다르면 마케팅의 효과성에서도 차이가 생길 수 있다는 특성이 반영된 결과이다. 이러한 측면에서 마케팅 소프트웨어산업은 롱테일<sup>Long Tail</sup>산업의 전형을 보여준다고도 할 수 있다. 조그만 스타트업도 이러한 산업영역에서 성공을 거두면 시장의 중심세력이 될 수 있다. 예를 들어 마켓투<sup>Marketo</sup>와 같은 기업은 자체적으로 개발한 디지털 마케팅 솔루션을 앞세워 현재 디지털 마케팅 자동화시장에서 1~2위를 다투고 있으며, 창업 5년 만에 나스닥에 상장하는 성과를 이루어내기도 했다. 현재 수많은 마케터들이 이 기업에서 개발한 솔루션의 사용법을 배우고, 자격증을 따기 위해 노력하고 있다.

마케팅 소프트웨어의 진화와 범람은 마케팅에 어떤 영향을 미칠 것인가? 소프트웨어가 정말 마케팅의 미래가 될 수 있을까? 이에 대해 오늘날의 데이터 양과 디지털 미디어의 수준, 디바이스 간의 연결수준 등이 과거의 그것들과는 완전히 차원이 다르기 때문에 미래 마케팅에 있어서 마케팅 소프트웨어가 거대한 중심축이 될 것이라는 사실만은 분명해보인다. 미래의 마케팅은 소프트웨어와 함께 갈 것이고, 소프트웨어는 그 어떤 영역보다도 마케팅영역에 큰 영향을 줄 것이다.

사무적인 영역에서는 워드나 엑셀과 같은 오랜 역사를 가진 소프트웨어들이 더 이상 보여줄 것이 없을 정도로 진화했고, 회계 관련 소프트웨어 역시 더 이상 새롭게 보여줄 것이 없어 보인다. 그러나 마케팅영역만큼은 상황이 다르다. 소비자도 마케팅 채널도 계속해서 변화하고 있다. 이러한 상황에 발맞춰 마케팅 소프트웨어는 마케팅 크리에이티브 및 인간의 상상력과의 융합을 통해 끊임없이 진화를 시도할 것이다. 또한 이 영역에 쏟아지고 있는 엄청난 투자자본은 테크놀로지의 수준을 지속적으로 극대화할 것이다. 이러한 맥락에서 미래의 마케팅은 더욱더 기업의 브랜드 가치와 매출에 직접적인 영향을 줄 것이고, 테크놀로지에 힘을 입은 마케팅의 영향력은 그 어느 시대보다 커질 것이다. 한마디로 '마케팅이 곧 기업의 경쟁력'이 되는 시대가 올 것이다.

# 인공지능과
# 인간감성의 충돌

오늘날의 마케팅 테크놀로지는 소프트웨어 혁신을 넘어 소프트웨어를 기반으로 인공지능과의 융합을 시도하고 있다. 지금까지 로봇과 같은 기계의 움직임에 적용되었던 인공지능이 이제 가시적인 부와 재무적 가치를 만들어내는 마케팅영역으로 들어오고 있는 것이다. 실제로 현재 많은 인공지능 과학자들이 마케팅분야에 들어와서 그들이 가진 인공지능 지식을 이용해 새로운 마케팅 소프트웨어와 비즈니스 모델들을 만들어내고 있다. 독자들은 이 책의 2부에서 이러한 사례들을 계속해서 접하게 될 것이다.

과거의 마케팅 소프트웨어는 프로세스 기반으로 만들어졌다. 설사 이러한 프로세스가 자동화된다고 하더라도 그 역할이 정해진 룰에 따라 상황을 처리하는 정도에 한정되었기 때문에 인간의 판단영역까지 대신할 수는 없었다. 그러나 오늘날 진행되고 있는 인공지능 테크놀로지와 마케팅 테크놀로지와의 융합은 인간의 판단영역, 즉 컴퓨터가 온라인에서의 소비자들의 행동패턴과 소비자들이 남긴 데이터를 분석해서 직접 판단하는 수준까지 발전하고 있다.

한편, 마케터의 입장에서는 컴퓨터가 고도의 기법으로 계속해서 인간의 크리에이티브영역을 침범해옴에 따라 언제 자리를 빼앗길지 모르는 상황에 놓이게 되었다. 다행히 모든 것이 디지털화되는 오늘날에도 여전히 많은 사람들이 아날로그식 감성 콘텐츠를 선호하고 있고, 아직까지는 콘텐츠 전문가들과 크리에이티브 전문가들의 역할이 뚜렷이 구분되어 있기는 하다. 반면 소비자들이 선호하는 아날로그 감성의 콘텐츠가 결국에는 기계의 도움, 즉 고객반응을 분석하는 데이터분석 시스템과 더 효과가 좋은 콘텐츠를 추천하는 컴퓨터 시스템의 도움을 받아 만들어진다는 역설적인 상황도 존재한다. 즉, 지금 우리는 '기본적으로 소비자들은 인간의 손길·정서·감정이 느껴지는 마케팅 메시지를 선호한다는 인간감성 중심의 마케팅 원리'와, '마치 인간이 생각하고 만든 듯한 콘텐츠를 생산하는 컴퓨터 테크놀로지'가 묘하게 융합되어 있는 시대에 살고 있는 것이다.

미래에는 마케터들이 컴퓨터 머신Machine에게 마케팅 프로그램을 명령하고, 고객들이 머신과 대화를 나누며 제품을 구매하는 상황이 익숙하게 다가올지 모른다. 2002년에 스티븐 스필버그 감독이 제작하고, 톰 크루즈가 주연을 맡은 영화 〈마이너리티 리포트<sup>Minority Report</sup>〉를 보면 이러한 모습을 미리 엿볼 수 있다. 이 영화는 2054년이라는 미래를 가정해서, 2002년에는 상상 속에서나 가능했던 많은 장면들을 보여주었다. 여기서는 이 영화의 여러 장면 중 마케팅과 연관된 장면을 하나 소개하겠다. 상황은 이렇다.

누명을 쓰고 경찰에 쫓기던 주인공 존 앤더튼(톰 크루즈 분)이 경찰의 추적을 피하기 위해 야카모토라는 일본 사람의 것으로 홍채를 갈아 끼고 갭<sup>GAP</sup> 매장에 들어섰다. 그리고 그가 매장 센서에 홍체를 인식시키자 투명한 스크린에서 가상의 여자점원이 인사를 하며 말을 건넨다.

"안녕하세요, 야카모토 씨. GAP 매장에 다시 오신 것을 환영합니다. 지난 번에 구입하신 탱크탑은 마음에 드셨나요? 이쪽으로 오셔서 이번 겨울 신상 스웨터를 한 번 입어보세요."

흥미로운 것은 이후 이 영화에서 연출된 가상현실들이 하나 둘씩 현실화되어 현재 70퍼센트까지 맞아 들어가고 있다는 사실이다. 인공지능과 머신러닝(기계학습)에 대한 연구는 데이터의 크기가 작았을 때는 한계가 있었다. 그러다 데이터가 방대해지고, 스프트웨어가 정교해지면서 컴퓨터를 통해 인간의 언어를 이해하고 활용하려는 시도가 많아진 것이다. 컴퓨터가 인간 세계를 이해하게 도면 많은 것들이 달라진다. 마케팅분야에도 다시 한 번 큰 변화가 일어날 것이다. 이와 관련해 현재 전 세계의 인공지능 분야 과학자들이 앤드류 응<sup>Andrew Ng</sup>

의 연구결과를 예의주시하고 있다. 구글에서 머신러닝 프로젝트를 총괄했던 앤드류 응은 최근 중국의 포털업체인 바이두Baidu로 자리를 옮겨 바이두가 3억 달러를 투자해서 실리콘밸리에 설립한 인공지능센터를 이끌며 관련 프로젝트를 진행하고 있다. 앤드류 응은 오늘날의 머신러닝의 발전은 로켓의 연료와 몸체의 원리와 같다고 설명한다. 즉, 연료는 곧 데이터이고, 로켓의 몸체는 곧 네트워트에 해당한다는 것이다. 따라서 데이터가 부족하면 더 많은 데이터를 집어넣고, 몸체에 해당하는 네트워크의 덩치를 키워나가다 보면 컴퓨터의 인지정확도를 높일 수 있다고 주장했다. 이를 통해 컴퓨터가 수많은 텍스트와 이미지를 마치 인간처럼 분간해낼 줄 알게 된다는 것이다.

그의 주장처럼 컴퓨터의 인지정확도가 높아져서 텍스트와 이미지를 이해하는 수준이 진화하면 가까운 미래에 컴퓨터가 인간을 대신해서 마케팅을 하는 상황이 현실화될 것으로 보인다. 실제로 이미 실리콘밸리에서는 마케팅 테크놀로지를 연구하는 많은 벤처기업들이 머신러닝 알고리즘을 이용해 개인화된 콘텐츠를 내놓고 있다. 웹에서도 이미 많은 콘텐츠들이 프로그래밍에 의해 자동으로 뿌려지고 있으며, 그것에 고객들이 반응하면 컴퓨터가 미리 코딩된 대로 다음 메시지를 보내주고 있다. 현재 마케팅 과학자들은 보다 혁신적인 알고리즘을 만들어내기 위해서 많은 시행착오와 실험을 반복하고 있으며, 이로 인해 소비자들의 행동을 연구하는 행동 마케팅Behavior Marketing의 중요성이 부각되고 있기도 하다.

머신러닝에 의한 인간의 이해는 인터넷 웹사이트에서만 일어나는 것은 아니다. 영국의 이머시브 랩<sup>Emmersive Lab</sup>이라는 기업에서는 디지털 사이니지<sup>Digital Signage</sup>에 카메라 센서를 달아서 거리의 소비자들을 인식하고, 이를 이용해 소비자 세그먼트를 만들어서 맞춤 마케팅을 할 수 있는 솔루션을 개발했다. 예를 들어 우리가 버스를 기다리면서 잠깐 광고판을 쳐다보면, 이 광고판에 심어 놓은 센서가 100분의 1초 만에 우리의 성별, 연령대, 표정을 인식해서 개별화된 제품정보를 제공하게 된다. 이러한 테크놀로지는 방대한 데이터를 모델링해 소비자에 대한 인식 정확도를 높임으로써 가능해졌다. 향후 이 솔루션이 상용화되면 전 세계 옥외 디지털 사이니지에 적용될 수도 있다. 이와 관련해 로봇 전문 블로그인 싱귤러리티 허브<sup>Singularity Hub</sup>의 애론 샌즈

이머시브 랩의 얼굴 인식 솔루션

● 출처 : 이머시브 랩, 2015

Aaron Saenz는 이것이 실현되면 전 세계 7.5조 달러의 시장에 영향을 줄 것이라고 예측했다. 특히 이러한 테크놀로지가 매장 앞, 버스 터미널, 각종 여행지 등 전 세계 곳곳에 설치된 옥외 사이니지에 적용될 경우 개별 고객성향에 더 적합한 제품정보를 제공할 수 있게 된다는 측면에서 마케팅분야에 상당한 변화를 불러올 것으로 보인다.

앞으로 우리의 모습과 행동은 모두 디지털정보가 되고, 이러한 정보들은 결국 많은 것을 예측하게 만들 것이다. 이로 인해 우리는 기계덩어리가 인간에 대해 지나치게 많은 것을 알게 된다는 두려움을 느끼고, 프라이버시를 침해 당한다는 생각을 가질 수도 있다. 물론 테크놀로지를 개발하는 업체에서는 이것을 극구 부인하면서도 계속해서 기계가 인간 세계에 개입하는 시도를 이어나갈 것이다.

## 인공지능과 휴먼 마케팅의 충돌

전통적 마케팅 가치의 중요성을 강조하는 전문가들은 컴퓨터의 능력을 의심하며 컴퓨터가 인간 세계에 지나치게 개입하는 상황을 우려하고 있다. 그들은 마케팅은 고객, 즉 인간을 위해 존재하며, 인간의 감성을 이해하는 것은 인간의 감성과 상상력으로 무장한 마케터의 영역이라고 믿고 있다. 이 주장의 핵심은 인간인 마케터만이 마찬가지로 인간인 고객의 감정을 움직이고, 관심을 유발시키고 구매를 일으킬 수 있다는 것이다.

그러나 이들의 주장과는 관계 없이 이미 우리는 로봇이 글을 쓰고, 마케팅 소프트웨어를 통해 어떤 유형의 메시지가 고객에게 더 효과적인지를 시뮬레이션하는 시대에 살고 있다. 자동번역 수준은 이제 조금만 '용서'한다면 거의 이해할 수 있는 수준으로 올라오그 있다.

정말 컴퓨터가 마케팅의 감성영역까지 침범할 수 있을까? 어느 선까지는 그렇다, 라고 할 수 있다. 마케팅의 미래는 앞으로 상당 기간 '인간과 컴퓨터가 어떤 식으로 경쟁·융합·공존할 것인가'라는 고민을 안고 갈 것이다. 다만 자본이 계속해서 유입되고, 수많은 시행착오를 겪고, 컴퓨터의 생각하는 능력이 진일보한다면 어느 시점에는 분명히 우리 눈앞에 보이는 크리에이티브한 결과물들이 컴퓨터가 만든 것인지, 마케팅 전문가가 만든 것인지를 구분할 수 없는 시대가 올 것이다.

초기의 마케팅 테크놀로지는 고객 데이터를 관리하는 수준에 불과했다. 그 다음에는 마케팅 미디어를 통해 마케팅 메시지를 내보내면서 수요를 직접 창출하는 등 더 적극적인 역할을 하게 되었다. 또 그 다음은 프로세스 혁신에 테크놀로지가 적용되면서 마케팅과 관련된 웬만한 일들이 모두 컴퓨터 프로세스로 돌아가게 만들었다. 이제 남은 것은 마케팅 테크놀로지가 인간처럼 생각하는 단계에 진입하는 것이다.

# Part 2

# 빅데이터와 플랫폼이 불러온 마케팅 테크놀로지 혁명

MARKETING REVOLUTION

디지털 테크놀로지는 마치 물과 같아서,
우리 경제와 사회를 풍요롭게 할 것이다.
우리는 이제 테크놀로지 없는 인생을 상상할 수 없게 되었다.

_ 닐리 크로스(Neelie Kroes), 유럽연합 집행위원회 부의장


나는 인터넷으로 성공했지만, 테크놀로지에 대해서는
아무것도 몰랐다. 지금도 모른다.
그러나 테크놀로지를 존중하고 감사하게 생각한다.
그것이 세상을 더 이롭게 변화시키기 때문이다.

_ 마윈, 알리바바(Alibaba) 회장

누구에게나 미래를 예측하는 것은 어려운 일이다. 미국의 데이터 예측 전문가인 네이트 실버Nate Silver는 2008년에는 49개 주에서, 2012년에는 50개 주 모두에서 미국의 대선결과를 예상해서 맞췄다. 그런데 실버는 이처럼 놀라운 예측력을 가지고 있음에도 불구하고 미래에 대한 예측은 오직 '신호Signal'로만 어느 정도 가능할 뿐, 무수한 '잡음'으로 예측하기는 너무나 어렵다고 이야기했다. 그의 말대로라면 늘 소용돌이처럼 변화하는 시장상황 속에 있는 마케팅영역에서 미래를 예측하기는 더더욱 어려운 일일 수밖에 없다. 그런데 가만히 생각해보자. 시장에는 잡음만큼이나 많은 신호가 흘러나오고 있다. 이 책은 테크놀로지가 이끄는 마케팅의 미래를 예측하기 위해 이러한 신호들을 계속해서 따라가볼 것이다. 물론 그렇다고 공상과학 영화에서나 나올법한 마케팅기법을 기대하지는 않았으면 한다.

1부에서 설명했듯이, 이 책에서 포착한 첫 번째 신호는 이런 것이다. 현재 시장은 전례 없는 정보과잉 상태에 놓여 있으며, 소비자들은 비록 시장에서 정보에 대한 권력을 더 가져오기는 했지만 정작 판매자가 공급하는 모든 콘텐츠를 소화하지는 못하는 상황에 놓여 있다. 반면에 기업들은 고객의 구매패턴을 예측하기가 점점 어려워지자, 스마트한 마케팅방식을 찾아 나서게 되었다. 또한 더욱 복잡해진 마케팅 채널에 대응하기 위해서 ROI를 과학적으로 예측할 수 있는 솔루션을 찾기 시작했다.

이러한 신호들을 분석해보면 적어도 2020년까지는 다음과 같이 '민첩성, 정확성, 관련성, 자동화, 융합성, 예측성'이라는 6가지 키워드가 마케팅에 큰 영향을 미칠 것이라는 사실을 짐작해볼 수 있다.

① 미래의 마케팅은 더 '민첩'해질 것이다.

전통적인 마케팅은 미리 세워놓은 중·장기 마케팅계획대로 실행하는 톱다운Topdown방식으로 진행되었다. 그러나 이러한 마케팅방식으로는 더 이상 디지털환경 속에서 빠르게 변화하는 고객반응을 쫓아갈 수 없게 되었다. 이러한 측면에서 시장변화에 빠르게 대응하는 애자일Agile 마케팅 등이 미래 마케팅의 한 장을 열 것으로 보인다.

② 미래의 마케팅은 '정확한' 타깃에 '관련성' 높은 콘텐츠를 제공하는 싸움이 될 것이다.

웹콘텐츠가 범람하고 있다. 반면 푸시 마케팅을 극도로 싫어하는 고객들도 그만큼 늘고 있다. 따라서 향후 기업 간의 마케팅경쟁은 정확한 고객 세그먼트를 찾아내고, 그러한 세그먼트와 관련성이 높은 개인화 콘텐츠를 제공하는 싸움이 될 것이다.

### ③ 미래의 마케팅은 프로세스가 더욱 '자동화'될 것이다.

테크놀로지 혁명은 비즈니스의 많은 부분을 자동화해왔다. 마케팅 프로세스도 예외가 아니다. 미래 마케팅영역에서는 과거 마케터들이 해왔던 업무의 많은 부분이 자동화될 것이다. 이것은 캠페인 실행에 서부터 고객반응에 대한 판단과 그에 따른 다음 대응까지, 컴퓨터가 인간의 영역을 대체할 것임을 의미한다. 마케팅 자동화는 점점 더 과학과 융합해감으로써 미래 데이터 기반 마케팅의 중심엔진이 될 것이다.

### ④ 미래 마케팅의 핵심 키워드는 '융합'이 될 것이다.

미래의 마케팅은 온·오프라인 간의 융합, 디바이스 간의 융합, 마케팅 테크놀로지와 광고 테크놀로지 간의 융합, 전통적인 마케팅과 디지털 마케팅 간의 융합, 데이터와 센서 sensor 간의 융합 등 융합이 핵심 키워드가 될 것이다. 그러다 보면 언젠가 '융합'이라는 꼬리표가 떨어지고, '마케팅'이라는 용어 자체가 융합의 의미를 포함하는 개념으로 발전할 것이다.

### ⑤ 미래의 마케팅은 '예측'의 마케팅이 될 것이다.

지금까지의 마케팅이 '과거'를 분석하는 데 모든 초점이 맞춰져 있었다면, 앞으로는 방대한 데이터에 (분석) 알고리즘을 적용해 '미래'를 예측하는 데 초점이 맞춰질 것이다. 기존의 전통적 마케팅 프로세스가 인공지능과 융합함으로써 예측 기반의 마케팅시대를 열 것이다.

2부에서는 위와 같은 6가지 키워드가 마케팅의 미래를 어떻게 만들어갈지에 대해 살펴보겠다.

# 더 민첩하게, 더 유연하게,
# 애자일 마케팅

오늘날의 소비자들은 더 많은 디바이스를 통해 더 많은 정보에 접속하고 있음에도 불구하고 더욱 조바심이 많아졌고, 더욱 참을성이 없어졌다. 이것은 소비자의 문제라기 보다는 너무나 많은 정보를 뿜어내는 디지털 미디어의 특성 때문에 불거진 현상으로 볼 수 있다. 페이스북에 올라오는 새로운 정보들이 우리의 시선을 끄는 시간은 3초를 넘지 못한다. 유튜브는 어떠한가? 재미 없는 영상 콘텐츠는 보는 이의 시선을 5초도 잡지 못한다. 캠페인 콘텐츠의 사이클도 너무도 빨라진 소비자들의 스크롤 속도만큼이나 짧아졌다.

이처럼 기업과 고객 간의 호흡이 짧아지자 마케팅 실무자들은 곤혹스러운 입장에 처했다. 과거에는 대부분의 마케팅이 '계획 → 실행 → 결과확인'이라는 프로세스로 이루어졌다. 또한 이러한 프로세스가 중간에 변경되는 일은 흔치 않았다. 복잡한 내부 승인을 받아야 할 뿐만 아니라, 결과를 보고 판단해야 한다는 관습적 사고에 빠져 있었기 때문이다. 그러나 이러한 마케팅 프로세스와 사고로는 점점 더 빠르게 변화하는 디지털 시장환경에 제대로 대응할 수 없다. 미래의 마케팅은 더 빠르고 민첩해야 한다. 이러한 측면에서 현재 '애자일 마케팅'이 미래 마케팅방식으로서 떠오르고 있다.

## 애자일(Agile) 마케팅은 미래 마케팅의 방법론

애자일 Agile은 우리말로 '민첩한'이라는 의미를 가지고 있다. 그러나 여기서는 편의상 시장에서 표현하는 그대로 '애자일 마케팅'이라는 용어를 사용하기로 하겠다. 많은 고민을 해보았지만, 이것을 적절하게 우리말로 바꿔서 표현할 지혜를 찾지 못했다.

최근 한 TV 프로그램에 참여했던 두 여자 연예인이 말다툼을 벌이는 과정에서 선배 연예인의 질타에 후배 연예인이 했다는 "언니, 저 마음에 안 들죠?"라는 말이 이슈가 되어 순식간에 소셜 미디어를 통해 퍼져나간 적이 있다. 그런데 이 이슈가 발생한 바로 당일에 한 소셜 커머스업체 홈페이지에 이런 캠페인 문구가 올라왔다.

'언니, 내 입술 마음에 안 들죠?'

립스틱 광고 메시지였다. 어떻게 이렇게 빨리 이 메시지가 유행할 것으로 예측하고 바로 마케팅에 이용했을까? 이것이 바로 일종의 애자일 마케팅에 해당한다. 전통적인 마케팅사고를 가진 조직이었다면 이처럼 민첩한 대응을 하기 어려웠을 것이다.

애자일 마케팅의 대표적인 사례로는 P&G의 타이드$^{Tide}$세제 광고를 꼽을 수 있다. 2012년 데이토나 500 자동차 경주에서 경주용 자동차가 경기 중 연료 적재함과 충돌해 화재가 나는 사고가 발생했다. 경기 안전요원들은 불을 끄고 난 뒤 엄청난 양의 '타이드세제'를 부어서 도로를 세척했다. 도로의 상태를 원상복귀시킬 수 있느냐가 곧 경기를 재개할 수 있느냐를 결정하게 되므로, 결국 타이드의 세척능력에

데이토나 500 자동차 경주에서의 '타이드세제' 세척 광경

● 출처 : P&G 웹사이트, 2015

모든 것이 달려 있었다. P&G는 이 순간을 놓치지 않고 이 스토리를 타이드세제의 우수성을 알리는 마케팅도구로 이용했다. 가용한 모든 디지털 미디어를 활용해 이 모습을 세상에 알린 것이다.

P&G의 사례처럼 애자일 마케팅의 프로세스는 빠른 기회포착과 빠른 마케팅 결정 그리고 빠른 실행으로 이루어진다. 한마디로 '민첩성'이 모든 프로세스의 중심을 이룬다. 스포츠분야에도 이러한 민첩성의 중요성을 엿볼 수 있는 사례가 많다. 동양인으로 세계 테니스 랭킹 10위 안에 들어간 사람은 현재까지 단 2명 뿐이다. 바로 175센티미터 단신의 마이클 창(미국 국적)과 178센티미터의 일본인 니시코리가 그 주인공이다. 이 두 사람의 공통점은 모두 자신보다 적게는 10센티미터, 많게는 20센티미터 이상 차이나는 서양선수들과 싸웠다는 것이다. 라켓을 휘두르는 팔길이와 힘만 생각하면 이들이 서양선수들을 이길 확률은 크게 떨어질 수밖에 없었지만, 이들에게는 빠르고 영민한 플레이를 한다는 공통적인 특징이 있었다. 마이클 창의 발은 어떤 선수보다도 빨랐고, 니시코리의 스윙은 상대가 받아칠 준비를 하기 어려울 정도로 빨랐다. 한마디로 상대 선수의 예측을 어렵게 하는 민첩성이 곧 이들의 경쟁력이었다.

## 유연하고 민첩한 대응이 가능한 마케팅방식

애자일 방법론은 원래 소프트웨어 개발 방법론 중 하나였다. 소프트웨어산업은 막대한 자금을 들여 개발한 소프트웨어를 론칭했는데 막상 사용자가 사용하지 않을 경우 손실을 복구하기가 매우 힘들다는 특성이 있다. 그런데 애자일방식을 활용할 경우 이러한 위험을 최소화할 수 있다. 개발과정에서 진행한 시장의 사전평가가 부정적으로 나타나거나, 원래의 개발의도와 차이가 난다는 사실이 발견되면 재빨리 궤도를 수정하면 되기 때문이다. 한마디로 애자일방식은 처음부터 완벽한 것을 목적으로 하기 보다는, 중간평가를 통해 나타난 오류를 재빨리 보완함으로서 완벽성을 높여나가는 방식이라고 할 수 있다.

한편, 디지털 미디어시대에 들어서면서 과거에 비해 고객의 구매예측이 더욱 어려워지고, 마케팅결과에 대한 불확실성이 커짐에 따라 애자일 방법론이 마케팅분야에도 자연스럽게 적용되었다. 전통적인 마케팅은 불필요한 문서작업을 해야 하는 경우도 많았고, 한 번 캠페인 방향이 정해지면 수정하는 과정없이 그대로 진행되는 경우가 많았다. 이 때문에 전통적인 마케팅을 프로세스 기반의 마케팅이라고 부르기도 한다. 반면에 애자일 마케팅은 이러한 프로세스를 따를 필요 없이 새로운 상황에 유연하고 민첩하게 대응할 수 있다는 장점이 있다.

## 반복과 수정으로 마케팅 성공률을 높인다

코카콜라는 월드컵 최대 공식후원사 중의 하나이다. 또한 마케팅을 위해 많은 투자를 하고 있는 대표적인 기업이기도 하다. 코카콜라의 디지털 마케팅영역에서 IT를 총괄하는 토마스 스터브는 최근 필자도 참석했던 미국의 한 컨퍼런스에서 과거 2006~2014년 월드컵까지 사용했던 톱다운 마케팅방식을 버리고 2014년부터는 애자일방식으로 캠페인을 진행했다는 이야기를 매우 흥미롭게 설명해주었다. 2014년 브라질 월드컵에서 이 기업이 실행한 글로벌 캠페인의 이름은 '해피니스 플래그Happiness Flag'였다. 이 캠페인은 월드컵 개막 전까지 전 세계 팬들로부터 각양각색의 사진을 받아서, 월드컵 경기장에 펼쳐놓을 전체 그림을 완성해나가는 글로벌 프로젝트였다. 코카콜라는 이러한 그림 안에 브랜드의 상징성을 표현하기 위해서 자체 플랫폼인 '해피니스 플래그 닷컴'을 통해 코카콜라가 판매되는 207개 국 팬들과 소통하기 시작했다. 코카콜라는 이 플랫폼을 통해 전 세계 팬들과 24시간 교류하고 소통했으며, 여기에 참여하는 모든 사람과 캠페인작업 및 진행과정을 공유해가며 단계별로 전체 그림을 만들어나갔다. 또한 거대한 캠페인과정을 다시 마이크로 캠페인으로 잘게 쪼개는 방식을 통해 단계별로 시행착오를 수정해나갔다.

결국 코카콜라는 이러한 과정을 통해 전 세계 팬들이 보내온 22만 개의 사진을 합성해 월드컵 경기장을 덮는 거대한 그림을 완성할 수 있었다. 이것은 코카콜라의 디지털팀과 아트 에이전시, 테크놀로지 에이전시 그리고 전 세계 팬들이 '융합'해 이루어낸 애자일 마케팅 캠페인의 정수였다. 이처럼 다양한 이해관계자와 다양한 지역의 다양한 생각을 가진 참가자들과 함께 마케팅 캠페인을 진행하는 경우 캠페인과정 중에 예상치 않은 다양한 이슈들이 나오기 때문에 기존의 경

● 출처 : 코카콜라닷컴, 2014

직된 마케팅 프로세스로 진행하기에는 위험부담이 상당히 크다. 따라서 코카콜라가 애자일방식이 아닌 과거의 방식을 활용했거나, 애자일방식에 맞는 테크놀로지를 가지고 있지 않았다면 광고주는 월드컵 개막일까지 잠을 이룰 수 없었을 것이다.

물론 모든 마케팅 캠페인을 애자일방식으로 진행할 수는 없다. 마케팅에는 70:20:10이라는 룰이 있다. 70퍼센트는 리스크가 없는 현재의 콘텐츠, 20퍼센트는 효과가 있다고 판단되는 서로운 콘텐츠, 나머지 10퍼센트는 아직 테스트를 거치지 않은 콘텐츠를 의미한다. 그리고 이 마지막 10퍼센트가 미래 마케팅의 70퍼센트 혹은 20퍼센트를 차지하는 후보가 된다. 코카콜라에서는 현재 마키팅 예산의 30퍼센트를 이 10퍼센트, 즉 혁신과 실험적인 마케팅 콘텐츠에 투자하고 있다고 한다.

그렇다고 애자일 마케팅이 코카콜라와 같은 거대자본 기업에게만 의미를 갖는 것은 절대 아니다. 국내의 스타트업에서도 애자일 마케팅방식의 효과를 충분히 노려볼 만하며, 전체 마케팅 캠페인 중에서 애자일 마케팅비율을 50퍼센트 이상으로 올리는 것도 바람직하다. 기업이 가진 모든 리소스와 자금을 한 번에 쏟아 붓는 빅뱅방식으로 마케팅을 진행하는 것은 위험부담이 클 수 있다. 반면에 디지털 미디어를 최대한 활용해, 제품의 개발단계에서부터 소규모 마케팅을 지속적으로 전개하면서 브랜드를 노출시키고 반응을 분석하고 다시 수정하는 애자일방식을 활용하면 이러한 위험부담을 상당 부분 줄일 수 있다. 또한 애자일방식을 활용할 때는 마케팅 콘텐츠를 여러 형태로 만들어 각각의 반응을 테스트해가며 마케팅방향을 수정해나가는 것이 좋다. 다행히 오늘날의 마케팅 테크놀로지는 이러한 시뮬레이션과 사전 테스트의 결과를 확인할 수 있을 만큼 고도로 발달되고 있다.

애자일 마케팅은 우리나라 중견기업들에게도 영향을 미칠 것이다. 마케팅 ROI에 대한 압박, 빠른 반응에 대한 니즈, 그밖에 마케팅을 둘러싼 여러 변수들로 고민이 많은 기업들에게 실시간으로 반응을 확인하고 수정할 수 있는 애자일 마케팅의 장점이 매력적으로 다가올 수밖에 없기 때문이다. 앞서 애자일 마케팅이 미래 마케팅의 방법론으로 부각될 것이라고 전제를 둔 이유도 바로 이 때문이다. 미래의 마케팅은 누가 더 민첩하게 움직일 것이며, 누가 더 마케팅결과를 반복적으로 확인해가며 성공률을 높일 것인가의 게임이 될 것이다.

# 개인화 테크놀로지를 둘러싼 무한경쟁

미래 마케팅의 두 번째 키워드는 고객 타게팅의 '정확성'과 고객에게 전달하는 콘텐츠의 '관련성'이다. 즉, 미래 마케팅은 누가 더 '정확하고 관련성 있는 정보를 타깃고객에게 전달할 수 있느냐'의 게임이 될 것이다. 그리고 그 게임의 중심에는 '개인화 마케팅'이 놓여 있다.

우리는 새로운 사람을 만날 때마다 명함을 주고받으며 인사를 한다. 그러나 막상 다음 번에 만났을 때 기억이 나지 않거나, 얼굴은 얼핏 떠오르는데 이름은 도저히 생각나지 않는 경우가 많다. 반면에 그 사람은 나를 알아보고 내 이름을 불러주면서 전에 나눴던 사소한 이야기까지 기억하고 있다면 한편으로는 미안한 마음이 들면서도, 다른 한편으로는 상대에 대한 마음의 벽이 허물어지는 느낌을 받을 수 있다. 그리고 그렇게 친구의 관계가 맺어지기도 한다. 이처럼 누군가를 알고 있다는 것과 그와의 대화코드를 알고 있다는 것은 관계를 맺는 데 있어서 그렇지 않은 경우에 비해 많은 차이를 만들어낸다.

감정을 교환할 수 없는 디지털공간에서는 상대를 알고 있는지, 없는지의 차이가 더욱 두드러진다. 그렇기 때문에 현재 개인화 테크놀로지의 진화가 계속 이루어지고 있는 것이다. 불과 10여 년 전만 해도 개인화 테크놀로지는 개인화된 메일을 보내는 정도 수준에 불과했다. 즉, 메일을 보낼 때 '○○○님, 안녕하세요?' 하는 식으로 받는 사람의 이름을 넣어주는 방식을 말한다. 그러다 간혹 데이터 베이스 관리상의 실수로 성과 이름이 다르게 메일이 발송되는 경우도 있었다. 이처럼 초기의 개인화 테크놀로지는 이런 인삿말로 시작되었다.

디지털 혁명을 거치면서 이제 개인화 테크놀로지는 지식·기술·자본의 집약체로서의 모습을 드러내기 시작했다. 그리고 그 영향은 일반적인 소비자시장(B2C시장)뿐만 아니라, B2B영역에도 미치고 있다. 어도비에서 최근 진행한 설문조사 결과에 따르면, 설문에 응한 B2B 마케팅 관계자 중 대다수가 미래 마케팅에 있어서 고객경험과 관련된 가장 중요한 요소로 '개인화'를 꼽았다고 한다.

기업이 개인화 테크놀로지에 투자하는 이유는 그로 인해 얻을 것이 매우 많기 때문이다. 특히 개인화 테크놀로지는 고객반응을 매출로 연결시키기 위해 그 다음의 구매단계로 이동시키는 마케팅 컨버

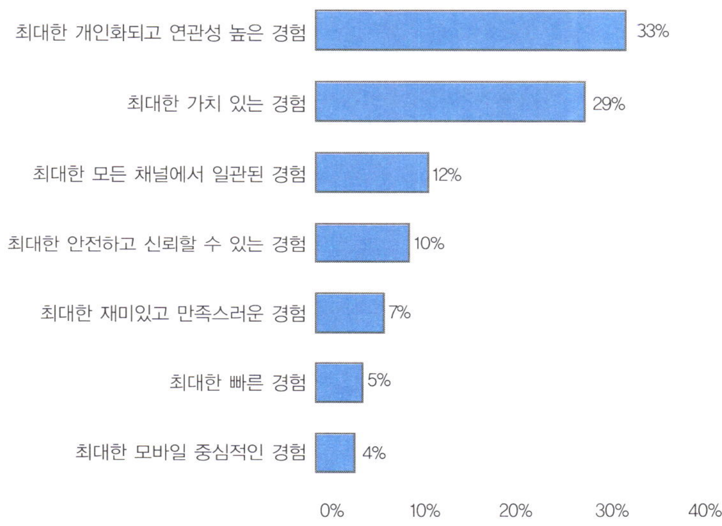


● 출처 : 어도비 2015년 1분기 디지털 마케팅 조사

전Marketing Conversion에 큰 영향을 미친다. 어떻게 관심사를 알았는지 계속해서 쫓아다니며 사고 싶어할 만한 제품을 추천하는 방식에 결국 고객은 걸려들고 만다. 이러한 특성은 특히 온라인 커머스기업들과 리테일기업들이 개인화 테크놀로지영역에서 무한경쟁을 벌이게 만들었다. 예를 들면 현재 많은 리테일기업들이 LBS(위치정보시스템) 데이터와의 융합을 통해 고객이 자주 가는 카페에서 사용할 수 있는 쿠폰을 보내주고 있다. 대표적으로 영국의 글로벌 유통기업인 테스코

Tesco에서는 이러한 개인화 테크놀로지를 이용해 고객들에게 1년에 1억 개가량의 쿠폰을 보내주고 있다고 한다.

## 개인화 테크놀로지에 대한 이중적 태도

소비자들은 개인화 테크놀로지의 긍정적인 측면을 인정하면서도, 한편으로 매우 부정적인 시각도 가지고 있다. 기업들이 개인화 테크놀로지를 이용해 자신들의 모든 검색기록을 보관하고, 개인 신상정보를 이용해 마케팅을 한다는 데서 일종의 두려움을 느끼기 때문이다. 즉, 개인에게 맞춤 서비스를 제공해주는 것은 선호하지만, 기업이 소비자에 대해 너무 많이 알고 있다는 데는 거부감을 갖고 있는 것이다.

그럼에도 불구하고 오늘날의 소비자들은 판매자가 개인화된 서비스를 제공해주기를 바란다. 미국 텍사스대학에서는 개인화 테크놀로지에 대한 연구를 통해서 소비자들이 이것을 받아들이는 2가지 이유를 밝혀냈다. 첫째는 자신이 정보를 통제하고 싶은 욕망 때문이고, 둘째는 정보과잉에서 오는 피로감 때문이다. 다시 말해 소비자들이 개인화 테크놀로지를 받아들이는 데는 자신과 관련된 정보를 직접 선택하고 싶은 마음과 지나치게 많은 불필요한 정보에 시달리고 싶지 않은 마음이 동시에 작용한다는 것이다. 만일 기업(판매자)이 이러한 심리를 읽지 못하고 소비자들과 관계없는 정보를 보내준다면 소비자들은 해당 기업이 자신에 대해 전혀 모르고 있다고 생각하게 된다. 예를 들면 결혼한 지 10년이 넘는 사람에게 계속해서 신혼여행 프로그램을 소개하는 것 등을 말한다.

개인화 테크놀로지가 불러온 또 다른 문제는, 그것이 아무리 정교하고 정확하더라도 때로는 소비자들의 알 권리를 차단하는 역할을 한다는 것이다. 오랜 기간 개인화 테크놀로지에 대해 연구해온 엘리 패리저Eli Pariser는 이러한 현상을 '버블 필터Bubble Filter'라고 표현하면서 이에 따른 문제점을 다음과 같이 지적했다. 그는 일단 개인화 테크놀로지는 소비자가 스스로 정보를 선택하는 게 아니라 판매자의 판단으로 개인화된 정보를 제공한다는 기본적인 위험성을 갖고 있다고 지적했다. 그는 컴퓨터가 인간의 욕구를 100퍼센트 알 수는 없으며, 그렇기 때문에 컴퓨터가 방대한 데이터를 기반으로 한 예측 알고리즘을 통해 소비자에게 맞는 정보를 추천하더라도, 오히려 그것이 소비자가 더 알아야 할 다른 분야 혹은 새로운 분야에 대한 정보를 원천적으로 막아버리는 역할을 할 수 있다는 것이다. 그는 이것을 디지털 민주주의에 위배되는 행위라고 맹비난하며, 구글과 페이스북 역시 이러한 범주에서 벗어나지 않는다고 주장했다.

## 개인화 테크놀로지는 모든 마케팅기술의 집약체

위와 같은 부정적 시각에도 불구하고 미래 마케팅을 논하는 데 있어서 개인화 및 개인화 테크놀로지보다 뜨거운 이슈는 없을 것이다.

개인화 테크놀로지에 사용되는 데이터는 기업에서 CRM을 활용하면
서부터 쌓이기 시작했다. 그 이전에는 고객에 대한 기본적인 프로파
일 외에는 이러한 테크놀로지에 사용할 만한 데이터가 별로 없었기
때문이다. 기업들은 CRM 시스템이 축적한 정보, 즉 고객이 기업(판매
자)의 시스템에 남긴 나이, 성별, 취미, 지역 등의 개인 신상정보들을
이용해 개인화 마케팅을 시작할 수 있었다.

앞서 언급했듯이 초기의 개인화 테크놀로지는 이메일 인삿말에 개
인 고객의 이름을 명시하거나, 고객이 판매자 홈페이지에 들어왔을
때 '환영합니다. ○○○ 고객님' 식의 메시지를 보여주는 수준에 불과
했지만, 이것만으로도 매스 마케팅을 통해 불특정 다수에게 제품을
노출시키는 것보다는 판매에 훨씬 긍정적인 효과를 얻을 수 있었다.
특히 금융산업에서는 거래정보, 투자정보, 고객성향을 통합분석해 더
욱 정교한 개인화된 캠페인을 실행할 수 있게 되었다.

이후 온라인 커머스시대가 개화하자 마케터들은 고객들이 온라인
에서 하는 행위를 분석하기 시작했으며, 그 결과 개별 고객에게 맞춤
정보를 제공하는 '고객 추천'이라는 시스템적 아이디어가 작동하기
시작했다. 이후 소셜 미디어가 고객들의 생활 속으로 파고들자, 고객
들은 소셜 미디어에 흔적을 남기게 되었다. 고객들은 여기저기 클릭
을 하고 댓글을 남긴다. 이 데이터들은 모두 개방 데이터로, 소셜 분
석 테크놀로지가 있다면 어느 누구든 분석이 가능했다. 테크놀로지기
업들은 심지어 '좋아요'나 '댓글내용' 등을 통해 고객의 심리상태까지
연구하게 되었다. 이로 인해 마케팅 테크놀로지 측면에서 인간의 감

정상태를 분석하는 기술이 점진적으로 진화하게 되었다.

오늘날 개인화 테크놀로지는 콘텐츠 마케팅, 감성 마케팅, 비주얼 마케팅, 컨버전기술, 빅데이터, 인공지능과 계속해서 융합해가며 모든 마케팅기술의 집약체가 되어가고 있다. 판매자들은 현재 개인화 테크놀로지를 이용해 타깃고객들이 선호하는 미디어 채널에 적절히 보기 좋은, 재미있는 내용의 콘텐츠를 내보냄으로써 그들의 감성을 자극해가며 제품을 추천하고 있다. 이를 통해 판매자들은 고객구매 확률이 몇 퍼센트라는 것을 계산하고 있으며, 그들이 정한 세그먼트 안에 고객들을 규정해놓고 있다. 그리고 고객들이 '추천에 걸려들어' 제품을 구매하면 판매자가 시뮬레이션한 예측치는 올라가게 된다.

개인화 테크놀로지의 실제 사례를 하나 살펴보자. 앞서 '버블 필터'라는 개념을 주장한 엘리 패리저의 지적에 따르며, 현재 페이스북은 '에지 랭크 Edge Rank'라는 알고리즘을 이용해 회원들이 로그인 할 때 어떤 내용을 뿌려줄지를 결정한다고 한다. 이를 위해 페이스북에서는 기본적으로 다음 3가지 룰을 활용한다. 첫째, '친밀도'이다. 즉, 회원이 특정 사람의 페이스북 페이지를 클릭하고 둘러보는 시간과 그곳에 '좋아요'를 남기는 횟수를 계산해서 그 빈도 수가 높은 사람의 소식을 가장 먼저 나오게 하는 것이다. 둘째, 지인의 상태변화, 즉 누가 누구와 데이트를 한다는 등의 소식을 알려주는 것이다. 셋째, 가장 최신 소식이 가장 먼저 올라오게 하는 것이다. 이런 식으로 우리는 페이스북이 정한 룰에 따라 우리에게 '뿌려진' 콘텐츠를 보고 있다.

## 네플릭스의 개인화 테크놀로지 사례

또 다른 사례를 살펴보자. 1부에서 언급한 비디오 스트리밍 서비스 기업인 네플릭스는 개인화 마케팅의 성공사례로 가장 자주 언급되는 기업 중 하나이다. 테크놀로지 기반의 스타트업으로 출발한 네플릭스가 전통적인 방송시장을 붕괴시키고 폭발적 성장을 한 데는 개인화 테크놀로지가 결정적인 역할을 했다.

네플릭스에서는 고객의 구매습관과 선호정보를 기반으로 콘텐츠를 보여주는 알고리즘을 사용한다. 네플릭스의 데이터 사이언티스트인 사비어 아마트리인Xivier Amatiran과 저스틴 바실리코Justin Basilico는 그들의 블로그를 통해 네플릭스의 고객들이 보는 비디오의 75퍼센트가 추천과 관련이 있다고 밝혔다. 네플릭스는 사업 초기에 '시네 매치Cine Match'라는 알고리즘을 사용했다. 이것은 예를 들면, 어떤 고객이 '반지의 제왕'을 선택하는 경우 기존에 반지의 제왕을 선택했었던 다른 고객들이 선택한 다른 영화 콘텐츠를 추천하는 방식을 말한다. 사람은 심리적으로 다수의 사람이 선택한 제품을 구매했을 때 안도감을 느낀다고 한다. 네플릭스는 이러한 심리를 이용해 다른 고객이 선택한 제품을 '추천'하는 방식을 적용한 것이다. 아마존 역시 같은 방식으로 상당한 효과를 보았으며, 이후 이 방식은 전 세계 온라인 리테일업계로 퍼져나갔다.

네플릭스는 여기에 만족하지 않고 시네 매치보다 효과를 10퍼센트 더 높일 수 있는 테크놀로지를 개발하면 100만 달러를 주겠다는

공개 경쟁 프로그램을 운영했다. 소위 '오픈 이노베이션Open Innovation'
을 시도한 것이다. 놀랍게도 이 프로그램을 통해 무려 150개 국 1만
8,000개 팀이 경쟁하는 상황이 벌어졌다. 네플릭스는 이렇게 외부에
서 얻은 아이디어를 채택하고, 수많은 테스트를 거쳐 알고리즘을 계
속 최적화해나감으로써 지금과 같은 수준의 개인화 테크놀로지를 구
축할 수 있었다.

　이와 같은 네플릭스의 사례를 통해 또 하나 우리가 눈여겨보아야
할 점은 그들이 빅데이터의 예측분석 모델링을 이용했다는 것이다.
네플릭스에서는 3,000만 개의 고객 '플레이' 클릭정보와 400만 개의
고객평가Rating 정보, 300만 개의 검색행위 정보를 분석한다고 한다.
이러한 정보에는 시간별 데이터와 고객이 선택한 디바이스까지 포함
된다. 이 기업은 이러한 정보를 통해 개인화 테크놀르지를 최적화하
고 개인에게 맞는 영화를 추천한다. 네플릭스는 이러한 시도들을 통
해 전통적인 방송 미디어 생태계를 바꿔버렸다.


## 빅데이터가 만든 예측 테크놀로지의 세계


　빅데이터는 오늘날 개인화 테크놀로지가 발전하는 데 있어 가장
큰 영향을 미치고 있는 요소이다. 데이터의 증가로 인해 개인화 테크
놀로지의 알고리즘을 더욱 정교하게 만들 수 있었기 때문이다. 동네
미용실처럼 소수의 고객이 자주 이용하는 경우라면 방문고객의 성향

을 대부분 미리 파악하고 있기 때문에 고객이 특별히 주문하지 않아도 원하는 헤어 스타일을 맞춰줄 수 있다. 그러나 고객이 감당할 수 없이 많고, 서비스를 공급할 수 있는 인력이 제한되어 있다면 고객성향을 다양한 정보채널을 통해 입수해 분류·예측할 수밖에 없다. 결국 미래 개인화 테크놀로지의 성공은 방대한 정보(빅데이터)를 기반으로, 변덕스럽게 변화하는 고객들의 성향을 예측하는 능력에 달려있다는 것이다.

이러한 맥락에서 미래의 고객성향을 예측하는 방법인 '예측분석 Predictive Analytics'이 마케팅과 접목되어 각광을 받고 있다. 특히 이러한 예측분석 방법론과 관련 테크놀로지는 마케팅의 미래에도 많은 영향을 미칠 것으로 보인다. 예를 들어 네플릭스와 같이 고객에게 개인화된 제품을 추천하는 비즈니스 모델을 만들려면 이러한 예측분석이 필수적이다. 네플릭스의 경우 영화와 관련된 전문가들을 대거 고용해, 수년 간 영화와 TV 콘텐츠에 점수를 매기게 하고, 태그를 달아 분석모델에 사용했다.

예측분석 모델링은 앞으로도 계속 그 수준을 높여나갈 것이며, 개인화 테크놀로지 역시 이러한 예측분석 모델링과 관련 테크놀로지의 진화 등에 힘입어 계속해서 발전해나갈 것으로 보인다. 이와 함께 SNS에서의 고객들 간의 대화를 분석하는 등 테크놀로지를 통해 인간의 감정을 이해하려는 융합적 시도 역시 계속해서 시도될 것으로 보인다.

반면에 이에 따른 부작용도 예상해볼 수 있다. 앞서 언급했듯이 판매자가 지나치게 자신에 대한 정보를 많이 알고 있다는 데 불안감을 느낀 고객들이 판매자를 상대로 소송을 거는 사례가 늘어날 수 있다. 또한 판매자들이 고객들에 대한 정보를 분석하는 과정에서 개인 프라이버시 문제와 충돌하는 사례들도 발생할 것이다. 그럼에도 불구하고 기업들은 개인화 테크놀로지의 진화속도를 늦추지 않을 것이다. 그것이 고객들의 마음을 가장 쉽게 열수 있는 장치라는 사실을 알기 때문이다.

## 초연결시대에서의 개인화 테크놀로지의 진화

그렇다면 다가오는 초연결시대에서 개인화는 어떻게 발전할까? 필자는 이와 관련해 여러 전문가들을 대상으로 인터뷰를 해보았다. 그 중 SAP 본사의 마케팅 테크놀로지 전문가인 버나드 정은 미래의 개인화와 관련해 다양한 의견을 제시해주었는데, 특히 관심을 끌었던 내용은 아직까지 미국에서도 온라인과 오프라인을 연결한 환경에서 기기와 데이터들을 융합해서 완벽한 개인화 서비스를 제공하는 기업을 본 적이 없다는 것이었다.

앞서 언급했듯이 스타벅스는 디지털 미디어와 그 안에서 이루어지는 고객들의 행위를 어떤 기업보다도 잘 이해하고 있으며, 이를 활용한 다양한 방식의 개인화 서비스를 제공하고 있다. 이로 인해 실리콘밸리의 인재들이 이 기업에 몰려들고 있기도 하다. 그러나 스타벅스 역시 '대중 속의 나'에 대해서는 모르고 있다. 즉, 아직까지는 내가 주로 무엇을 마시는지, 또 무엇을 마실 것 같은지에 대한 정보를 파악해 개인화된 추천을 하는 매장은 찾기 어렵다. 디지털 마케팅영역에서 항상 혁신적으로 앞서 나가고 있는 스타벅스조차도 개인화 테크놀로지수준에서는 아직 발전해야 할 영역이 많다는 것이다.

이와 관련해 버나드 정은 만약 어떤 기업이든 진정한 의미에서 개인화에 성공할 수 있다면, 그래서 기업이 온라인과 오프라인, 이 디바이스와 저 디바이스, 공간과 시간을 가리지 않고 개인화된 서비스를 제공할 수 있다면, 분명 고객에게 인정받는 기업이 될 수 있을 것이라고 확신했다. 그의 의견처럼 현재의 테크놀로지는 아직 한계가 많다. 그러나 현재 수많은 테크놀로지 개발기업들이 이 분야에서 경쟁하고 있는 만큼 개인화 테크놀로지는 앞으로도 계속해서 발전해나갈 것이다.

# 이메일 마케팅의 미래

'이메일의 시대는 끝났다.'

문자메시지, 채팅, SNS 등 새로운 커뮤니케이션도구들이 세상에 등장할 때마다 언론매체들에서는 위와 같이 이메일의 종식을 단정하는 기사가 나오곤 했다. 또 전문가 중에서도 그러한 상황을 예상하는 사람들이 많았다. 마케팅은 곧 커뮤니케이션이라는 관점에서 이메일 마케팅 또한 새로운 커뮤니케이션도구들에게 그 자리를 내줄 것이라고 생각한 것이다. 그러나 이메일이 상용화된 지 20여 년이 지난 지금까지도 이메일, 그리고 이메일 마케팅은 꾸준히 생명력을 유지하고 있다.

　이메일은 1971년에 미국 국방부 고등연구계획국이 만든 네트워크인 '아파넷ARPANET'에서 레이 톰린슨Ray Tomlinson이라는 엔지니어가 자신의 호스트 컴퓨터에서 다른 호스트 컴퓨터의 계정으로 메시지를 보낸 것을 시초로 보고 있다. 이때 톰린슨은 호스트 서버의 이름과 이메일 계정자의 로그인 이름을 분리시키기 위한 목적으로 '@'이라는 구분자를 창안했다고 한다. 그는 왜 @이라는 문자를 떠올렸냐는 질문에 누군가의 컴퓨터'에at' 어떤 유저라는 것을 표현하고 싶었다고 대답했다. 이메일은 월드와이드웹(www)의 등장으로 누구나 쉽게 인터넷에 접속하고 정보를 검색할 수 있게 되면서부터 마케팅도구로 사용되기 시작했다. 당시의 이메일은 기업 입장에서 너무나 빨리 그리고 한계비용 제로에 가까울 정도로 싸게 제품정보를 보낼 수 있는 디지털 미디어였다.

## 이메일은 죽지 않았다

　'이메일은 죽지 않았다(www.emailisnotdead.com)'라는 흥미로운 이름의 웹사이트에서 내놓은 정보에 따르면, 다음 쪽 표의 내용과 같이 2014년 한 해 동안 전 세계에서 주고받은 이메일 수가 약 1,960억 개에 달했다고 한다. 이 사이트에서는 표와 같이 이 개수가 2018년까지 매년 3~4퍼센트씩 증가해, 2018년에는 2,270억 개가 될 것이며, 전

| 일일 이메일 트래픽 | 2014 | 2015 | 2016 | 2017 | 2018 |
|---|---|---|---|---|---|
| 일일 전 세계 이메일 송수신 수(단위 : 10억 개) | 196 | 204 | 212 | 220 | 227 |
| 성장률 | | 4% | 4% | 4% | 3% |
| 비즈니스메일 송수신 수(단위 : 10억 개) | 108 | 116 | 123 | 132 | 139 |
| 성장률 | | 7% | 7% | 7% | 6% |

| | 2014 | 2015 | 2016 | 2017 | 2018 |
|---|---|---|---|---|---|
| 전 세계 이메일 계정 수(단위 : 100만 개) | 4,116 | 4,353 | 4,626 | 4,920 | 5,235 |
| 성장률 | | 6% | 6% | 6% | 6% |
| 전 세계 이메일 사용자 수(단위 : 100만 명) | 2,504 | 2,586 | 2,672 | 2,760 | 2,849 |
| 성장률 | | 3% | 3% | 3% | 3% |

● 출처 : www.emailisnotdead.com, 2015

세계 이메일 사용자 수 역시 2015년 약 25억 명에서 2018년에는 28억 명으로 증가할 것이라고 전망했다.

그런데 표를 보면, 전체 이메일 중에서 상당 부분이 비즈니스를 목적으로 송수신된다는 사실을 알 수 있다. 2015년의 경우 전체 송수신 이메일 2,040억 개 중에서 1,160억 개가 비즈니스 메일에 해당할 것으로 예측되고 있다. 이러한 자료는 이메일이 비즈니스 커뮤니케이션 도구가 된 이후 여러 다른 커뮤니케이션도구들이 나왔음에도 불구하고 여전히 이메일이 주요 커뮤니케이션도구로 활용되고 있다는 흥미로운 사실을 반증해주고 있다.

이메일이 '죽지 않는' 결정적인 이유는 매우 '사적인 커뮤니케이션도구'라는 특성이 있기 때문이다. 쉽게 말해 내용을 혼자만 몰래 볼 수 있는 특성이 있다는 것이다. 실제로 사람들은 아무리 많은 이메일을 받더라도 '개인의 관심사'와 관계가 있는 이메일은 반드시 열어보는 경향이 있다. 이메일 마케팅 관점에서는 바로 이 '개인적 관심사'라는 개념이 매우 중요한 의미를 가진다. 수신인과 관련성이 높은지에 따라 이메일이 열리는 운명인지, 반대로 이메일 서버에 머물다 사라질 운명인지가 갈리기 때문이다.

필자가 경험한 이메일 마케팅의 생명은 1~2일을 넘기지 못했다. 이메일을 보내고 3일이 지난 후에 수신자가 읽어볼 확률은 10퍼센트도 되지 않는다. 이메일이 도착한 첫날, 또는 출근 후에 컴퓨터를 켜고 이메일 제목을 보는 순간 모든 것이 결정된다. 누군가 지난 이메일을 찾아서 제품을 구매할 확률은 더더욱 떨어졌다. 이처럼 이메일은 전형적인 '한번 보고 마는 푸시 마케팅도구'에 해당했다.

모바일시대로 넘어와서는 이메일의 생명이 더욱 짧아졌다. 이제 사람들은 책상에 앉아서 PC 메일함에 있는 이메일을 보며 열어볼지 말지를 판단하는 것이 아니라, 스마트폰에 이메일 도착신호가 보이면 바로 판단을 내린다. 이처럼 사람들이 모바일 이메일을 이용하는 빈도가 늘어나면서 이메일의 생명은 1~2초 안에 결정되게 되었다.

마케팅 측면에서 이메일은 이메일 콘텐츠의 기교적인 측면과 기술적인 측면에서 모두 진화를 거듭해왔다. 특히 이메일의 짧은 생명력 때문에 이메일 콘텐츠의 중요성이 더욱 강조되었다. 그런데 이러한 콘텐츠보다 더욱 중요한 요소가 있다. 바로 이메일의 주제, 즉 타이틀이다. 고객은 콘텐츠를 보기 이전에 타이틀만으로 이메일을 열어볼지 말지를 판단하기 때문이다. 아무리 테크놀로지가 발달하더라도 이메일 타이틀은 여전히 텍스트 형태로 전달할 수밖에 없다. 이로 인해 테크놀로지와는 별도로 이메일 타이틀에 대해 연구하는 사례도 매우 많았다. 이메일 타이틀을 통해 고객의 시선을 잡아두려면 절제된, 그러나 강력한 텍스트가 필요하다. 이로 인해 '어제 보내주신 이메일의 답장입니다'라는 이메일 타이틀이 유행하기도 했다. 물론 그 이메일을 받은 사람은 어제 그런 메일을 보낸 적이 없다. 이러한 점을 감안하면 누군가 이메일 타이틀을 텍스트가 아닌 동적인 형태로 전달할 수 있는 방법을 만들어서 상용화한다면 상당한 이익을 얻을 수 있을지 모른다.

이메일 타이틀 다음으로 중요한 것이 바로 이메일 본문, 즉 콘텐츠이다. 현재 이메일 콘텐츠는 그 구성에 대한 연구만큼이나 기술적인 발전도 많이 이루어졌다. 대표적인 예로 이메일내용을 들쭉날쭉하지 않게 해주는 템플릿 라이브러리와 자동 템플릿 작성 소프트웨어 등을 들 수 있다. 또한 콘텐츠를 쉽고 편하게 전달하기 위해 시각적인 이미지를 사용하는 비율이 늘었으며, 통계 등의 복잡한 정보를 시각적으로 보기 좋게 표현해주는 인포그래픽을 사용하는 사례도 점차 늘고 있다.

## 마케팅 관점에서의 이메일의 진화

이메일의 생명력이 극도로 짧아진 오늘날에도 우리는 여전히 하루 일과를 이메일을 확인하는 것으로 시작해서 보내는 것으로 끝내고 있다. 아직까지 이메일을 종식시킬 만한 완벽한 대체수단이 나타나지 않았기 때문이다. 물론 이메일이 개인 간 커뮤니케이션에 미치던 영향력은 오늘날 소셜 미디어 플랫폼에 의해서 분산되었고, 비즈니스 커뮤니케이션에 미치던 영향력 역시 개인용 소셜 미디어뿐만 아니라 링크드인과 같은 비즈니스 전용 플랫폼에 의해 분산되었다. 이와 관련해 2010년에 발표된 모건 스탠리 리포트에 따르면, 2012년 7월을 기준으로 전 세계 이메일 사용자 수가 SNS에 추월당했다고 한다.

기업에서 비즈니스를 영위하다 보면 커뮤니케이션을 통해 여러 사람이 같이 일을 하고, 서로 의견을 교환하며 진행현황을 공유해야 하는 경우가 많다. 이런 이유로 이것을 가능하게 해주는 다양한 협업 플랫폼이 나왔으며, 기업 내부뿐만 외부 이해관계자들과도 커뮤니케이션할 수 있는 다양한 플랫폼도 등장했다. 참고로 필자는 해외출장 중 만나야 할 사람의 명함을 잃어버려서 링크드인만으로 커뮤니케이션을 한 적도 있다. 최근에 등장한 협업 커뮤니케이션 플랫폼 중에서 가장 혁신적인 사례를 들자면 '슬랙Slack'을 꼽을 수 있다. 슬랙은 공동으로 일을 하기 위해서 필요한 모든 조건을 갖추었다고 할 수 있을 정도로 진화된 플랫폼의 모습을 보이고 있다.

이처럼 다양한 방식의 협업 커뮤니케이션도구가 등장했음에도 불

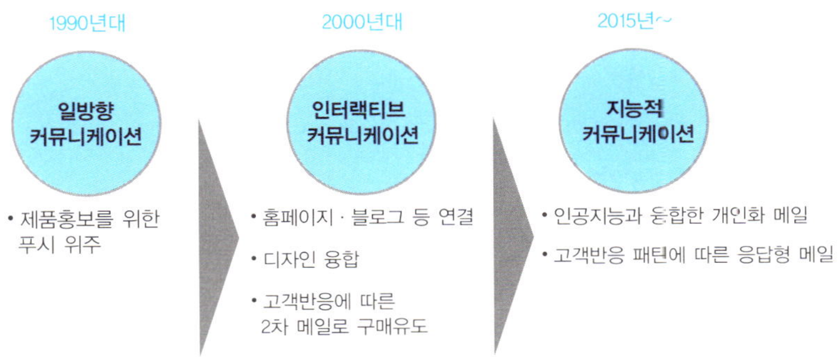


구하고 아직까지 이메일을 완전히 대체했다고 보기는 어렵다. 이러한 도구들은 이메일과 발생배경도 다르고 이메일만큼 사적인 커뮤니케이션도구라고 할 수도 없기 때문이다. 따라서 이러한 특성을 능가하는 혁신적인 커뮤니케이션도구가 나오지 않는 한 이메일은 계속해서 살아남을 것으로 보인다. 또한 마케팅 관점에서의 이메일은 혁신적인 마케팅 테크놀로지와의 융합을 통해 더욱 진화할 것으로 예상된다. 그 진화의 키워드는 1990년대의 일방향 커뮤니케이션도구와 2000년대의 인터랙티브 커뮤니케이션도구를 뛰어넘어 인공지능과 융합한 보다 개인화되고 자동화된 인텔리전스 커뮤니케이션도구가 될 것이다.

미래의 이메일 마케팅은 과거에 축적된 방대한 고객반응 데이터베이스를 토대로 학습된 인공지능이 어떤 고객에게 어떤 타이틀의 메일을 보냈을 때 반응할 것인지를 안내해주는 역할이 강화될 것이다. 또한 컴퓨터가 마케터들을 대신해서 수많은 고객의 이메일 문의에 자동으로 응답하는 기능이 점점 더 정교해지고, 최초 이메일을 보낸 후 고객반응에 따라 컴퓨터가 사전에 프로그래밍된 대로 자동으로 그 다음 메시지들을 단계적으로 발송하는 자동화 테크놀로지 역시 계속 진화할 것이다.

예를 들면, '컨버직Conversic'이라는 솔루션은 고객이 보낸 메일의 내용을 분석해 컴퓨터가 자동으로 응답하는 기능을 갖추고 있다. 또한 텍스트를 분석해 고객이 어떤 마음상태인지도 분석해낸다. 이런 기능들은 제때 고객대응을 하지 못해 영업기회를 날려버리는 실수를 막아주거나, 수많은 메일 중에서 급하고 중요한 메일들을 찾아내는 데 효과적으로 활용될 수 있다. 또한 방대한 데이터를 통한 머신러닝(기계학습)을 통해서 어떻게 답신을 보내야 고객반응이 좋을지 등을 분석해서 고객대응을 할 수 있게 만들어줄 것이다.

이밖에도 현재 데이터분석을 통해 고객유형에 따라 어떤 색깔과 메시지, 구성으로 이메일 콘텐츠를 꾸몄을 때 효과적인지를 알려주는 테크놀로지가 개발되고 있다. 또한 판매자가 보내는 이메일을 타깃고객이 열어볼지 아닌지를 사전에 시뮬레이션해볼 수 있는 소프트웨어도 발달하고 있다.

이메일이 인공지능과 융합하면서 이메일기능과는 다른 영역으로 확대되는 현상도 늘어날 것으로 보인다. 대표적인 사례로 인공지능이 적용된 '엑스닷아이X.ai'라는 솔루션을 들 수 있다. 이 솔루션은 다음과 같은 방식으로 작동한다. 예를 들어 존John이라는 고객이 '나'와 약

● 출처 : 엑스닷아이 홈페이지

속을 잡기 위해 이메일을 보내오면, '나'는 존에게 회신을 하면서 참조수신인(cc) 란에 에이미<sup>Amy</sup>라는 가상의 로봇비서 이름을 넣고, 메일내용에 '좋습니다, 제 비서 에이미와 일정조율을 해주십시오'라고 적어넣는다. 그러면 인공지능으로 움직이는 가상로봇 에이미가 존과 이메일을 주고받으며 일정조율을 하는 것이다. 뿐만 아니라 에이미는 '나'의 일정을 파악해서 적절한 약속날짜와 장소까지 추천할 수 있다. 이것은 가상의 로봇이 인공지능을 이용해 문맥을 이해할 수 있게 됨으로써 가능해진 기능이다.

오늘날의 마케터들은 이메일이 여전히 수많은 마케팅 채널에서 유용하게 활용되고 있으며, 여전히 많은 사람들에게 사랑받고 있는 마케팅 미디어임을 잊어서는 안 된다. 이메일 테크놀로지들이 지향하는 방향은 당연히 고객과의 '관련성'이다. 이메일 마케팅의 모든 콘텐츠와 기술력이 '고객과의 관련성'을 잃는 순간 이메일 마케팅은 존재의 의미를 잃게 된다. 현재 많은 마케팅 과학자들이 이메일 마케팅 관련성의 정확도를 높이는 알고리즘을 연구하는 이유도 바로 이 때문이다.

# 3초의 과학,
# 비주얼 마케팅의 미래

1부에서 언급했듯이 현재 디자인과 마케팅 테크놀로지를 융합하는 시도가 활발히 이루어지고 있다. 이처럼 마케팅에 소비자들의 시각을 끄는 디자인을 융합한 형태를 '비주얼 마케팅<sup>Visual Marketing</sup>'이라고 한다. 과거 직감에 의존하던 마케팅이 데이터를 기반으로 과학적으로 진화하면서 비주얼 마케팅도 더 전략적으로 변화하그 있다. 이 장에서는 비주얼 마케팅의 현재 모습과 함께, 데이터 과학과의 융합을 통해 어떻게 고객에게 더 관련성 있는 콘텐츠를 만들어내고 있는지에 대해 살펴보겠다.

왜 비주얼이 효과적인가? 인간의 뇌 속의 대신피질의 50퍼센트 이상은 시각을 처리하는 부분으로 덮여있다고 한다. 그렇기 때문에 비주얼적인 요소들로 시각에 자극을 주었을 때 그 영향이 인간의 기억 속에 가장 강하게 그리고 오래 남게 되는 것이다. 예를 들면 원▣의 형태를 다음과 같이 글로 표현한다고 해보자.

'평면상의 어떤 점에서 거리가 일정한 점들의 집합으로 정의되는 평면도형'

이 설명만으로는 원에 대해 아무것도 모르는 사람이 바로 이해하기가 쉽지 않다. 이에 비해 이것을 다음과 같이 그림으로 그려서 보여주면 대부분의 사람들이 원의 형태를 단번에 이해할 수 있다.

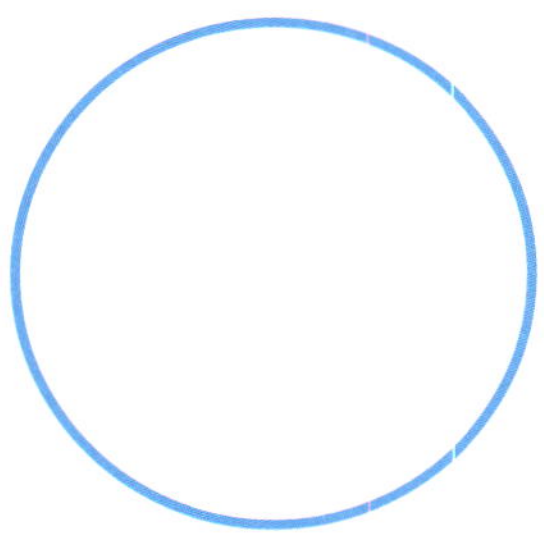

오늘날의 디지털 세계는 방대한 데이터들로 복잡하게 얽혀있다. 이처럼 시시각각 변화하는 데이터의 모습을 글이나 말로 표현해서 이해시키기는 매우 어렵다. 반면에 이것을 시각적으로 표현하면 쉽게

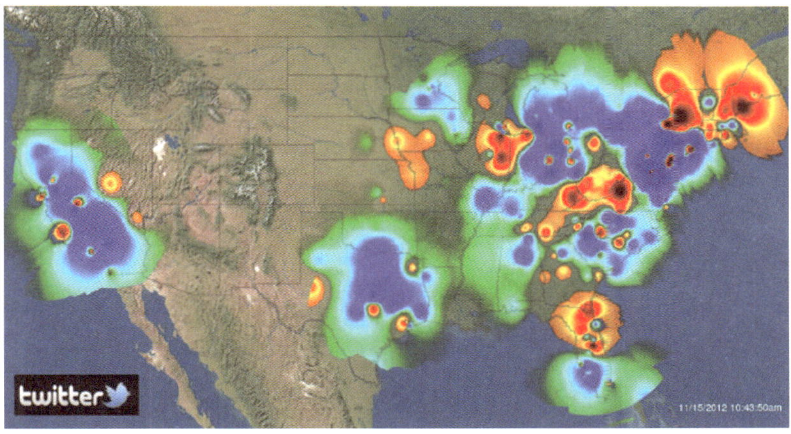


● 출처 : SGI, 2015

이해시킬 수 있다. 예를 들어 트위터의 메시지가 전파되는 모습을 표현한 위의 그림을 보면 트위터의 영향력을 단번에 이해할 수 있다. 직관적으로 붉은색이 짙을수록 메시지 전파가 많은 지역이다

　마케팅 프로세스의 시작은 주의를 집중시키는 것이다. 그래서 마케팅산업에서는 오래전부터 고객의 시선을 끌기 위해 모든 창의적인 방법을 활용해왔다. 지금의 페이스북을 보더라도 남들보다 더 자극적인 그림과 더 놀라운 동영상을 올려야만 그나마 사람들의 시선을 끌 수 있다. 이러한 시각적인 정보들은 때로는 감성에 호소하는 내용으로, 때로는 엉뚱한 아이디어로 우리의 관심을 끈다. 광고 크리에이티브 역시 고객의 관심을 끌기 위해서 발전해왔다. 광고 크리에이티브를 전달하는 미디어 역시 과거 신문과 TV를 거쳐 디지털 미디어로

확장되어 왔다. 오늘날의 디지털 미디어는 전통적인 미디어와는 비교할 수 없이 다양한 시각적 창의성을 받아 줄 수 있으며, 한 번 인쇄되면 바꿀 수 없는 종이매체와는 달리 다양한 시도가 가능하다는 특징이 있다.


## 단순함과 간결함을 추구하는 비주얼 마케팅의 진화

필자는 기업으로부터 강의요청을 받으면 먼저 해당 기업의 홈페이지를 보는 습관이 있다. 그런데 간혹 그 기업이 제공하는, 시대를 앞서가는 제품과 솔루션과는 달리 홈페이지에는 전혀 신경을 쓰지 않는 경우를 접하곤 한다. 수출을 주업으로 하는 중소기업에서 제품에 대해 말도 안 되는 영문설명을 달아놓거나, 특정 업무에 대해 정확히 누구에게 연락하라는 것인지 애매하게 안내하고 있는 경우도 많다. 심지어 홈페이지의 전체 구조를 고객의 니즈와 궁금한 사항을 해결해주는 방향으로 구성해야 한다는 기본은 깡그리 무시하고 마치 제품설명서처럼 구성한 경우도 많았다.

반면에 고객변화에 민감한 기업일수록 홈페이지 같은 고객접점에 대한 투자를 절대 아끼지 않는 경향이 강하다. 지난 20여 년 간 이러한 기업들의 홈페이지는 시장변화와 테크놀로지의 발전으로 인해 크게 변화해왔다. 그 변화의 핵심을 보면 간결함과 단순함, 미적 아름다움, 그리고 개인화된 레이아웃으로 요약할 수 있다. 그 대표적인 사례

● 1996년의 애플 홈페이지

● 2015년 6월의 어플 홈페이지

로 애플의 홈페이지를 들여다보자. 위의 그림과 같이 20여 년 전에는 마치 정보포털 사이트 같은 느낌이 들었던 애플의 홈페이지가, 2015년 현재에는 간결함과 단순함이 돋보이는 형태로 바뀌었다. 이에 대한 미적인 판단은 독자들에게 맡기겠다.

이번에는 10여 년 전 '신생기업'으로 우리 앞에 나타난 유튜브의 홈페이지를 보자. 초기 유튜브 홈페이지는 지금과는 달리 콘텐츠가 많지 않아서 비교적 단순한 느낌을 주었다. 그런데 2015년 현재 유튜

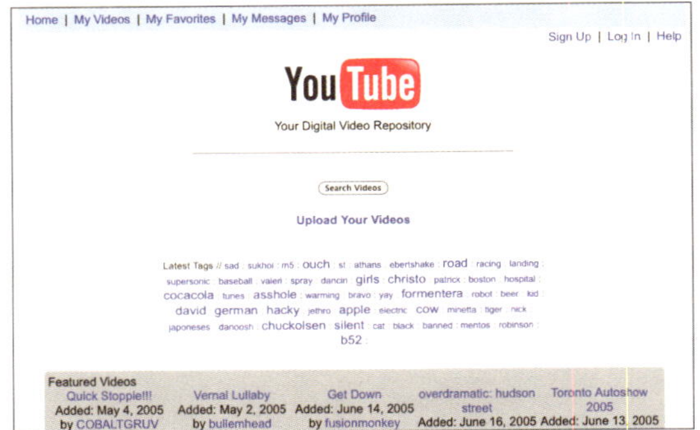

● 2005년의 유튜브 홈페이지

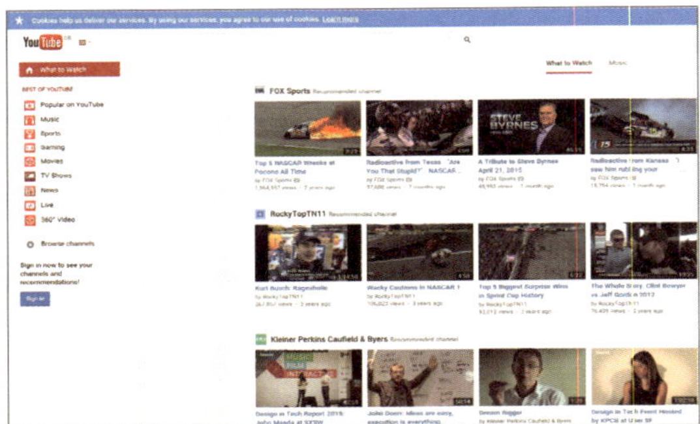

● 2015년의 유튜브 홈페이지

브의 홈페이지는 완전히 개인화된 홈페이지의 모습을 갖추고 있다.

　네이버 역시 다음 쪽 그림과 같은 1997년 당시의 홈페이지와 지금의 홈페이지를 비교해보면, 처음 세상에 모습을 드러낸 이후 18년이 지나는 동안 홈페이지 디자인에 많은 변화가 이루어졌음을 알 수 있다.

　이처럼 시장을 선도하는 기업들의 홈페이지 역사를 살펴보면 복잡함은 단순함으로, 모든 방문자를 위한 정보진열식 레이아웃은 개인화

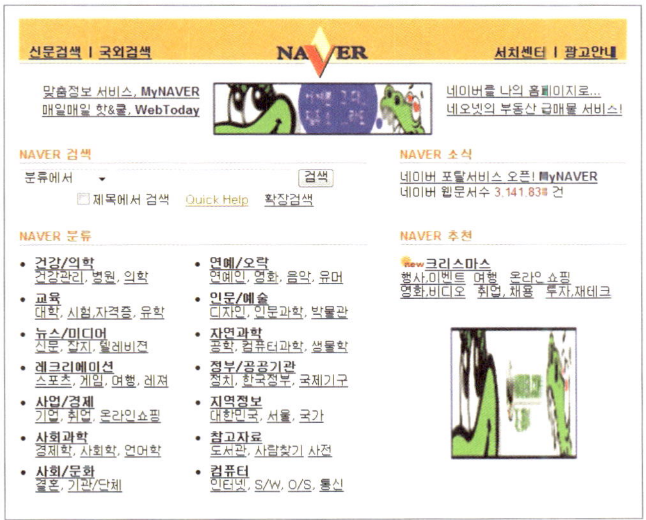

● 출처 : Wayback Machine

된 레이아웃으로 전환되었음을 알 수 있다. 또한 이러한 추세는 홈페이지에 국한되지 않고 이메일, 블로그 등에도 적용되었다.

기업의 마케터들은 모든 매체에 자사의 브랜드와 결부하는 이미지를 일관성있게 전달하려고 노력한다. 또한 전문가들을 동원해 각각의 콘텐츠에 고객들의 눈을 즐겁게 하는 시각적 정보를 담으려고 최선을 다하고 있다. 이것들은 모두 이 시대의 디지털 코드인 '고객경험'을 제공하기 위한 노력이다. 오늘날 고객들의 눈은 더 나은 비주얼 콘텐츠에 관심을 나타내고 있으며, 이러한 경험을 통해 더 많은 만족감을 느끼고 있다.

# 더 많은 고객을 끌기 위한 비주얼 효과분석

비주얼 마케팅의 발전은 비주얼 자체의 품질을 높이는 데 그치지 않는다. 지난 20여 년 간 디지털 테크놀로지는 데이터 기반의 실험을 꾸준히 진행해왔다. 이런 식으로 발전해온 데이터 과학은 현재 마케터들이 시각적 표현에 대한 전략적 판단을 할 수 있도록 자료를 제공해주고 있다. 마케터들은 이러한 자료들을 이용해 어떻게 하면 동일한 콘텐츠를 통해 고객들의 관심을 더 효과적으로 끌어낼 수 있을지를 연구하고 있다. 예를 들어 호주의 유저블월드 UsableWorld 라는 기업에서는 '시선 추적기'라는 도구를 이용해서 랜덤으로 선택한 106명을 대상으로 다음과 같은 실험을 진행했다.

이 기업에서는 다음과 같은 2개의 그림을 조사대상자들에게 보여준 후 그들의 시선이 어느 쪽에 집중되는지를 확인해보았다. 그림에서 빨간색으로 표시된 곳이 조사대상자들의 시선이 많이 간 곳이고,

비주얼 효과분석을 위한 이미지 비교

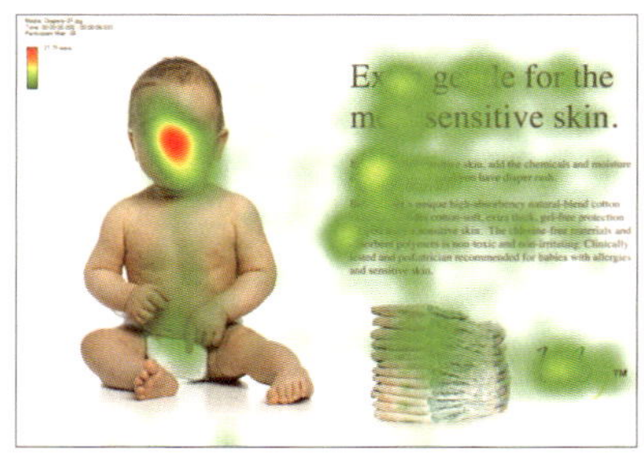
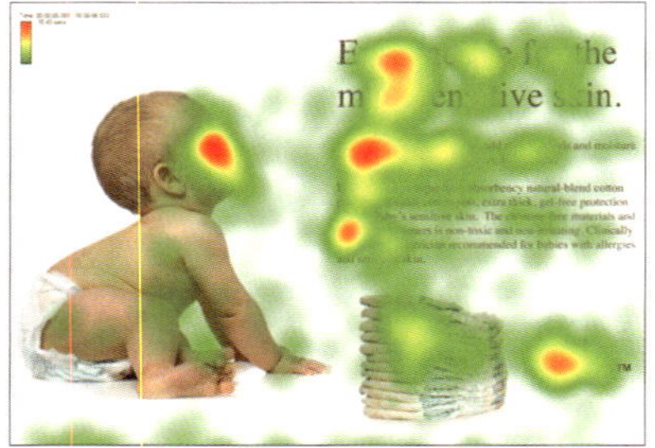

● 출처 : 마켓투, 2015

초록색과 노란색으로 표시된 곳이 상대적으로 시선이 덜 간 곳이다. 결과적으로 이 실험을 통해 좌측 그림보다는 우측 그림이 조사대상자들의 시선을 더 텍스트 쪽으로 몰리게 했다는 사실이 확인되었다. 만일 당신이 마케터라면 어떤 것을 선택하겠는가? 당연히 고객들의 시선이 메시지에 집중되기를 바랄 것이다. 이처럼 비주얼 요소를 어떻게 표현하느냐에 따라 마케팅의 결과가 달라질 수 있으며, 이러한 데이터들을 기반으로 비주얼 마케팅의 효과를 더 강력하게 만들 수 있다. 이러한 사례처럼 오늘날의 마케팅은 다양한 비주얼 요소들과 온라인에서의 고객행위 분석, 그리고 고객들의 심리상터 변화를 연관해서 분석하는 심리학이 모두 융합하는 형태로 진화하고 있다.

한편, 비주얼 마케팅에 대한 상대적 비교분석을 해보고자 하는 기업들의 니즈가 늘어나자 사전 시뮬레이션 테크놀로지가 발전하게 되었다. 예를 들면 'A/B 테스팅'이라고 하는 소프트웨어의 기능이 그것이다. 기업에서 이 기능을 활용할 경우 텍스트와 비주얼 표현을 담은 캠페인 메시지를 전면 론칭하기 전에, 소수의 고객 세그먼트를 대상으로 시험해봄으로써 더 반응이 좋은 것을 정식으로 론칭하는 효과를 얻을 수 있다. 즉, A안과 B안을 만들어 사전에 특정 테스트 형태로 고객에게 노출해보고 그 반응에 따라 더 나은 것을 최종 캄페인 안으로 결정하는 식이다. 예를 들면 앞쪽에서 보았던 아기 이미지와 마케팅 메시지로 이루어진 2개의 그림조합을 사전에 시뮬레이션해보고 최종안을 결정하는 것이다.

## 색과 인간감정과의 관계

　방대한 데이터를 분석한 머신러닝은 인간이 느끼는 감정과 색깔의 관계성을 규명해냈다. 그리고 기업의 브랜드나 제품이 표방하는 느낌과 색깔의 관계성도 규명하기 시작했다. 그 결과 다음 그림과 같이 제품이나 브랜드에 적용되는 색깔에 따라 고객에게 주는 의미가 달라진다는 사실을 밝혀냈다

색깔과 감정의 관계

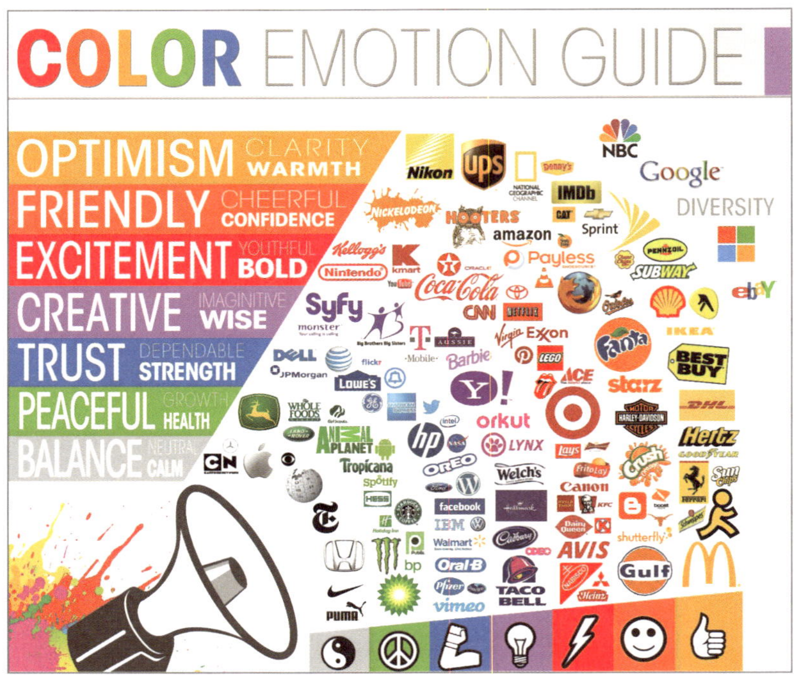


● 출처 : Thelogcompany.net/blog, 2015

- 주황색 – 낙관
- 주홍색 – 친근함
- 빨간색 – 흥미진진함
- 보라색 – 창의적
- 파란색 – 신뢰
- 초록색 – 평화
- 회색 – 균형

또한 이 그림은 기업들의 브랜드 로고와 그것이 고객에게 주는 느낌을 맵핑해서 보여주고 있다.

오늘날 마케터들은 이러한 색깔에 대한 데이터를 기반으로 어떤 고객에게 어떤 메시지를 보낼지에서부터 이메일, 블로그, 랜딩 페이지Landing page 등에 어떤 사진과 그림을 넣을지를 고민하고 있다. 마케터들이 이러한 고민을 하게 된 데는 어렵게 만든 콘텐츠의 생명이 너무나 짧아졌다는 배경이 있다. 페이스북의 콘텐츠는 그객들의 손가락의 리듬을 타고 순식간에 다음 내용으로 넘어간다. 이메일로 수신되는 수많은 캠페인 메시지들은 우리의 시각을 불과 몇 초도 붙잡아놓지 못한다. 이처럼 고객들이 시간을 들여 콘텐츠에 담긴 깊은 내용을 이해해 줄 만큼의 인내심을 갖고 있지 않다는 사실을 감안하면, 마케터 입장에서 타깃고객에게 가장 적합한 콘텐츠를 효율적으로 전달할 방법을 고민할 수밖에 없는 것이다.

# 3초의 과학, 동영상 마케팅

오늘날 인터넷 접속속도가 급속도로 빨라지면서 인터랙티브 애니메이션과 동영상이 지속적으로 고객들의 시선을 끌 수 있는 강력하고 중요한 마케팅수단으로 떠오르고 있다. 이로 인해 현재 유튜브가 기존 방송 미디어에 지대한 영향력을 미치고 있으며, 페이스북에도 유튜브를 추월할 정도로 많은 동영상이 올라오고 있다. 이밖에 훌루Hulu와 훌루의 CEO가 만든 또 다른 플랫폼인 베슬Vessel 등이 동영상 콘텐츠를 올리는 공간으로서 높은 인지도를 확보하고 있다.

사람들이 동영상을 좋아하는 이유는 명확하다. 그것이 다른 시각적인 정보에 비해 더 인터랙티브, 즉 쌍방향으로 상호작용하는 효과가 뛰어나면서 재미있기 때문이다. 이러한 점을 감안해 레고Lego, 나이키, 치폴레Chipotle와 같은 기업들은 매우 훌륭한 애니메이션 콘텐츠를 고객들에게 소개하고 있다. 이들이 제작한, 마치 하나의 작품에 가까운 동영상 콘텐츠들은 혁신기업으로서의 그들의 브랜드를 더욱 강화해주고 있다. 이처럼 동영상 콘텐츠광고는 기업의 마케팅에 있어서 결코 간과할 수 없는 분야가 되었다.

그러나 현실적으로 많은 기업들이 광고용 동영상을 재미있게 만드는 데 어려움을 겪고 있다. 또한 정적인 웹콘텐츠의 짧은 생명력과 디자인 효율성에 대한 고민은 애니메이션이나 동영상 콘텐츠에도 동일하게 적용되고 있다. 이와 관련해 최근 글로벌 정보분석기업인 닐슨Nielsen에서 발표한 조사결과는 동영상 광고물에 대한 복잡한 생각을

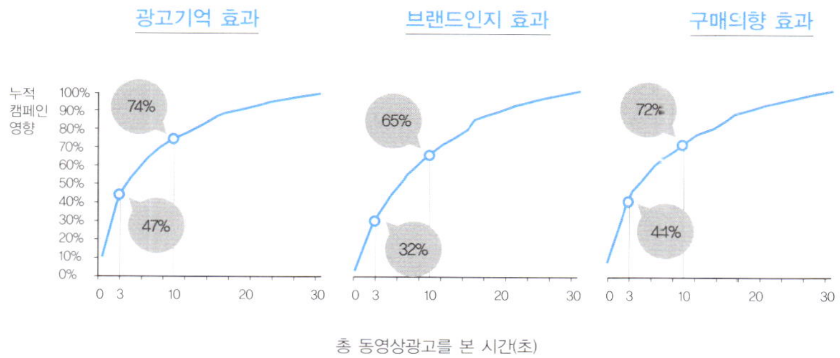


● 출처 : 소셜타임즈, 2015

갖고 있는 마케터들에게 흥미로운 관점을 제공했다. 닐슨의 조사결과에 의하면, 소비자들은 어떤 웹사이트나 매체를 통해 등영상광고를 접하든, 그것을 영화를 보듯 오랫동안 보지 않는다고 한다. 그럼에도 불구하고 위의 그래프를 보면 놀라운 결과를 확인할 수 있다. 동영상광고를 본 소비자들이 완벽하게 그 내용을 기억하게 하는 효과를 100퍼센트로 보았을 때, 소비자들이 해당 광고를 단 3초만 보더라도 그 효과의 47퍼센트를 얻을 수 있다는 것이다. 또한 소비자들이 3초 동안 동영상광고를 보았을 때 브랜드 인지도는 32퍼센트, 구매의향에 미치는 효과는 44퍼센트까지 얻을 수 있다고 한다. 짧은 시간 동안만이라도 광고를 제대로 노출하면 소비자들이 어느 정도 광고의 내용을 기억하게 만들 수 있다는 의미다. 나아가 이 시간이 10초로 늘어나면 광고를 기억하는 효과는 74퍼센트까지 증가한다고 한다.

이러한 조사결과를 보면, 만일 동영상 광고물을 소비자들에게 오래 노출시킬 수 없다면 앞부분에서 최대한 강한 인상을 주는 것이 가장 효과적이라는 사실을 알 수 있다. 이를 감안하면 앞으로 마케팅 광고효과를 측정하는 KPI Key Performance Index (핵심성과지표) 안에 다운로드나 뷰view 수뿐만 아니라 반드시 시청시간을 포함시켜야 할 것으로 보인다.

## 비주얼 마케팅과 데이터 과학의 만남

오늘날 비주얼 마케팅은 점차 과학과 융합되는 형태를 보이고 있다. 이러한 트렌드는 어떠한 형태의 비주얼광고를 누구에게 보여줄 것이며, 또 그 효과는 어땠는지를 과학적 데이터를 통해 확인해보고 싶은 광고주들의 니즈와 시장의 테크놀로지가 서로 부합한 결과라고 볼 수 있다.

이와 관련해 최근 과학자들이 모여서 만든 마케팅광고 플랫폼기업인 로켓퓰RocketFuel에서 매우 흥미로운 분석결과를 내놓았다. 이들은 2013년부터 2014년 6월까지 1,076개 기업에서 실행한 2,184건의 광고 캠페인을 대상으로, 소비자들이 광고의 색과 비주얼에 어떻게 반응했는지를 분석해 그 결과를 데이터화해보았다. 참고로 이 실험을 위해 소비자들에게 노출된 광고 임프레션Impression 건수가 233억 회에 달했다고 한다. 일단 온라인광고의 바탕색이 어떤 색일때 가장 컨

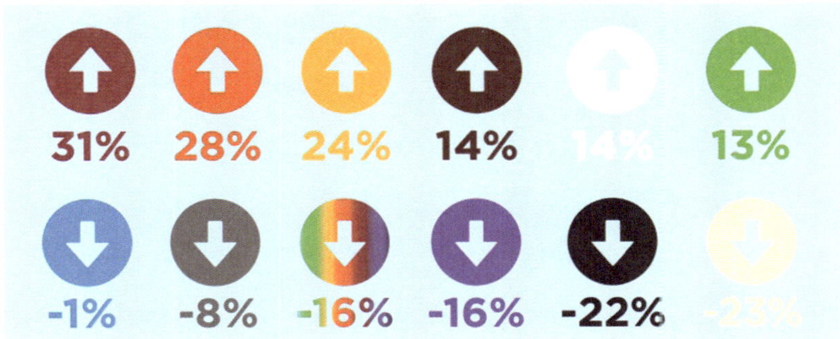



● 출처 : 로켓퓰, 2015

버전이 높았는지에 대한 조사에서는 짙은 붉은색이 평균치보다 31퍼센트 높게 나왔다. 이밖에 검정색은 마이너스 22퍼센트, 아이보리색은 마이너스 23퍼센트로 나타났다. 한마디로 우리의 시각은 붉은색에 더 호의적으로 반응한다는 것이다.

이밖에도 이 분석결과를 통해 다음과 같은 사실들이 확인되었다. 먼저 캠페인 메시지에 사람 얼굴을 넣는 경우가 넣지 않는 경우에 비해 평균치보다 4퍼센트 더 높게 나왔다. 또한 각각 남자, 여자, 남녀 혼합사진을 넣었을 때를 비교해본 결과, 남자사진을 사용했을 때가 평균치를 기준으로 102퍼센트 높게 나왔으며, 여자사진일 때는 25퍼센트 높게 나왔고, 혼합사진인 경우 마이너스 15퍼센트로 나타났다. 아울러 애니메이션광고 길이에 따른 반응률 조사에서는, 대부분의 애니메이션광고가 13초를 넘지않는 가운데, 6~9초 사이 길이의 애니메이션광고가 평균치보다 138퍼센트 더 높은 반응률을 나타냈다. 물론 산업별 변수에 따라 결과가 달라질 수 있겠지만, 위와 같은 분석결과를 통해 미래 마케팅영역에서 데이터를 기반으로 의사결정을 하려는 니즈가 늘어날 것이라는 사실만큼은 짐작해볼 수 있다.

또한 미래에는 인간의 감정을 분석해 그 분석결과에 따라 비주얼을 달리하는 마케팅이 유행할 것으로 보인다. 이것은 인공지능의 진화를 통해 마케터들이 얻을 수 있는 혜택 중 하나라고 할 수 있다. 이를 이용해 컴퓨터가 소셜 미디어에 고객들이 남긴 글들을 통해 우울한지, 즐거운지, 또는 가족여행 계획이 있는지, 애기 선물을 준비하고 있는지 등을 분석해서, 특정 고객이 쇼핑몰에 접속했을 때 관련성 있는 콘텐츠를 보여줄 수도 있다. 또한 고객들의 얼굴표정을 확인하는 디바이스를 통해, 비주얼 마케팅전략 관점에서 표정에서 드러난 감정변화에 따라 콘텐츠의 색상을 달리하거나, 전체 비주얼의 느낌을 달리하는 방식을 활용할 수도 있을 것이다. 이와 관련해 우리는 이미 1부에서 옥외에 설치한 디지털 사이니즈를 이용해 사람의 표정을 보고 맞춤 마케팅 메시지를 보내는 이미시브 랩 같은 기업들의 사례를 살펴본 바 있다. 또한 고객들의 얼굴표정은 스마트폰이나 노트북에 달린 카메라를 통해서도 관찰이 가능하다. 이처럼 미래의 마케팅은 과학과의 융합을 통해 점점 고객들이 중요성을 인지하지 못하는 정보들과 실수로 흘린 정보들까지 모두 분석해서 더 '관련성' 높은 콘텐츠를 제공하는 방향으로 진화될 것이다.

# 정보의 바다 속 블랙홀, 인바운드 마케팅

오늘날 우리의 휴대전화에는 끊임 없이 광고 메시지가 들어오고, 이메일 우편함에는 스팸이 끝도 없이 쌓여간다. 이처럼 세상은 온통 푸시 메시지로 가득차 버렸다. 그래서 때로는 푸시 마케팅만 막을 수 있다면 생활의 질이 좀 더 나아질지도 모른다는 생각이 들기도 한다. 분명 이것은 우리가 원하는, 마케팅이 만들어낼 미래는 아닐 것이다. 푸시 마케팅은 그것을 받는 고객과의 관련성이 높을 때만 인정을 받을 수 있다.

브라이언 할리건 Brian Halligan과 다메쉬 사아 Dharmesh Shah는 MIT에

서 만난 이후, '더 이상 푸시 마케팅이 마케팅의 미래가 될 수 없다'는 인식을 함께하고 인바운드 마케팅Inbound Marketing의 리더격으로 볼 수 있는 허브스팟HubSpot을 공동창업했다. 이들은 푸시 마케팅의 개념을 뒤집어 '고객이 스스로 찾아올 수 있도록 '관련성' 높은 양질의 정보를 제공한다면 마케팅의 새로운 방향을 제시할 수 있을 것'이라고 생각했다. 이들은 그러한 역할을 할 수 있는 것이 바로 '인바운드Inbound 마케팅'이라는 생각으로, 인바운드 마케팅과 관련된 소프트웨어를 만들었고 인바운드 마케팅이라는 브랜드를 고집스럽게 지켜나갔다. 또한 그들이 만든 인바운드 마케팅 소프트웨어를 마케터들에게 팔기위해 자신들이 직접 전문적인 인바운드 마케팅 콘텐츠를 만들어서 알려나갔다. 이러한 두 사람의 노력을 통해 새로운 마케팅 테크놀로지로서의 인바운드 마케팅이 세상에 알려지기 시작했다.

## 인바운드 마케팅은 혁신적인 풀 마케팅기법

기존의 풀Pull 마케팅 사례들을 살펴보면 대부분 이메일을 통해 소비자들에게 이메일 수신에 대한 '동의'를 구하고, 동의한 고객에게만 이메일을 보내는 방식으로 진행되었다. 참고로 베스트셀러 저자이자 기업인인 세스 고딘Seth Godin은 이메일 마케팅이 전성기에 들어섰던 시기에 이처럼 고객에게 허락을 구하는 마케팅방식을 '퍼미션Permission 마케팅'이라고 정의했다.

오늘날과 같이 이메일이 범람하는 시대에 B2C기업에서 보내는 이메일을 고객이 열어볼 확률은 채 1퍼센트도 되지 않는다. 그나마 고객이 보다 명확한 B2B시장에서도 이 확률은 10퍼센트를 넘기기 힘들다. 물론 이 10퍼센트라는 확률은 이메일을 받은 1,000명의 고객 중 100명이 열어보았다는 의미이므로 그렇게 낮은 수치는 아닐 것이다. 그러나 퍼미션 마케팅방식에 따라 고객에게 동의를 구한 후 수용의사를 밝힌 고객에게만 이메일을 보낼 경우 이메일 오픈률과 이메일 캠페인효과를 크게 높일 수 있다. 이럴 경우 이메일 오픈률을 B2C시장에서는 5퍼센트까지, B2B시장에서는 20퍼센트 이상까지 높일 수도 있다. 물론 단순히 이메일 오픈율Open Rate만으로 마케팅효과를 판단하기는 어렵겠지만, 이 비율이 지나치게 낮을 경우 마케터들의 심리적인 허탈감은 매우 커질 수밖에 없다.

인바운드 마케팅은 다양한 디지털 매체를 활용해 이러한 풀 마케팅의 효과를 한 차원 끌어올린 마케팅기법이라고 할 수 있다. 다시 말해 인바운드 마케팅은 고객들과 '관련성' 높은 콘텐츠를 그들이 자주 찾는 디지털 매체에 공급함으로써 시선을 끌고 콘텐츠를 더 알고 싶어서 고객들이 '스스로 찾아오게 만드는' 방법을 말한다. 따라서 인바운드 마케팅의 성패는 고객과의 관련성이 높은 고품질의 콘텐츠를 만들 수 있는 역량을 갖추고 있느냐에 달려있다고 볼 수 있다. 판매자가 이러한 콘텐츠를 제공할 수 있다면 인바운드 마케팅을 통해 다양한 장점을 누릴 수 있다. 일단 인바운드 마케팅은 푸시광고에 비해 비용이 상대적으로 저렴하다. 이런 이유로 미국에서는 자금력이 부족한 중소규모의 기업들을 중심으로 인바운드 마케팅방식이 퍼져나갔다. 또한 양질의 콘텐츠를 통해 고객들에게 한 번 좋은 인상을 주게 되면, 마치 파워블로그처럼 고객들이 계속해서 방문하고 그러한 콘텐츠를 추천해주는 효과를 얻을 수 있다. 이러한 관점에서 보면 충분한 팬을 확보하고 있는 기업형 블로그의 경우 이미 인바운드 마케팅에 성공한 셈이다.

특히 인바운드 마케팅은 전문성 있는 제품을 판매하는 B2B기업들에게서 큰 호응을 받았다. B2B기업들은 인바운드 마케팅을 활용하는 데 있어서 타깃고객들이 자신들이 판매하는 제품에 대해 상당한 전문지식을 갖고 있다는 점을 감안해 고객들이 이해하기 쉽고 흥미를 느낄 만한 콘텐츠를 지속적으로 공급하는 데 초점을 맞췄다. 예를 들어 B2B시장에서 전문 반도체제품을 공급하고 있는 파나소닉 Panasonic 은 일찍부터 전문가들을 위한 인바운드식 블로그 운용에 눈을 떴다. 파나소닉의 블로그를 찾는 고객들은 대부분 제품에 대한 전문지식을 갖고 있는 엔지니어들이 많고, 이들은 제품에 대한 정보보다는 오히려 제품을 둘러싼 흥미로운 최신 트렌드에 더 관심이 많다. 파나소닉은 이러한 점을 감안해 블로그를 통해 자신들이 개발한 최신제품에 대한 전문적인 내용뿐만 아니라, 반도체제품의 최신 기술적 트렌드에 대한 전문적인 분석자료까지 올리고 있다.

파나소닉의 사례처럼 B2B시장에서의 인바운드 마케팅은 고객들을 '교육'해가며 제품을 판매하는 방식이라고도 할 수 있다. 따라서 B2B기업의 인바운드 마케팅은 B2C기업처럼 고객들에게 감성적인 메시지를 주는 데 주력하기 보다는, 제품과 관련된 가치있는 콘텐츠

● 출처 : Panasonicforbusiness, 2015

를 통해 고객들을 '교육'시키는 방식으로 운용하는 것이 바람직하다. 구매 사이클이 길다는 B2B제품의 특성상 실제로 고객이 제품을 구매할 때까지 지속적으로 공감과 흥미를 불러일으키면서 제품에 대해 '배우게' 하는 것이 무엇보다 중요하기 때문이다. 이를 위해 B2B기업들은 조직 내부에 실력 있는 콘텐츠 담당자를 두고 고객의 눈높이에 맞는 교육 콘텐츠를 개발하고 있으며, 때로는 외주 마케팅 에이전트에 콘텐츠 제작을 의뢰하기도 한다.

반면에 B2C기업의 인바운드 마케팅 콘텐츠는 상대적으로 고객들에게 정서적으로 접근하고 고객심리를 자극하는 데 초점을 맞춰야 한다. 이를 위해서는 콘텐츠 제작에 관여하는 디자이너, 콘텐츠 큐레이터, 콘텐츠 작가들이 해당 기업의 고객, 기업의 브랜드 철학, 마케팅 메시지를 통해 전달하고자 하는 목적 등을 정확히 이해하고 있어

● 출처 : 캐논 코리아 페이스북, 2015

야 한다. 예를 들어 위의 그림과 같은 캐논의 B2C용 페이스북 내용을 살펴보면, 캐논이 만든 카메라의 특성을 감성 있는 메시지로 전달하고 있다는 사실을 알 수 있다.

## 정교함을 추구하는 프로세스 기반의 마케팅

만일 인바운드 마케팅을 뛰어난 콘텐츠를 이용해 고객들을 모으거나 다수의 '팔로어' 혹은 '팬'을 확보하는 것으로 끝낸다면 그다지 큰 가치가 없을 것이다. 인바운드 마케팅은 프로세스 기반의 마케팅이다.

즉, 그 프로세스가 '고객유도 단계 → 전환단계 → 계약단계 → 팬을 만드는 단계'로 나뉘어져 있다. 따라서 인바운드 마케팅을 진행할 때는 각 단계마다 어떻게 다음 단계로 고객을 이동시킬 것인지에 대한 전략이 필요하다. 더불어 고객구매 단계까지 이어지는 프로세스 전반에 걸쳐 고객반응 흐름을 보고 전략적으로 캠페인과정을 관리할 수 있어야 한다. 이를 위해 인바운드 마케팅 솔루션들은 대부분 다음과 같은 특성들을 동시에 가지고 있는 소프트웨어를 사용해서 실행되고 있다.

① 고객 세그먼트를 효과적으로 관리할 수 있어야 한다.
② 콘텐츠를 제작하고 관리할 수 있어야 한다.
③ 다양한 디지털 미디어에 콘텐츠를 내보낼 수 있어야 한다.
④ 각 디지털 미디어별로 고객반응을 분석할 수 있어야 한다.
⑤ 고객반응에 따라 다음 캠페인 프로세스가 자동으로 실행될 수 있어야 한다.

결국 인바운드 마케팅은 고객 시각에서 보면 콘텐츠 마케팅이고, 판매자 입장에서는 정교한 소프트웨어에 의한 마케팅인 셈이다.

## 인바운드 마케팅의 미래

인바운드 마케팅의 콘셉트는 전 세계 수만 명의 마케팅 관계자들에게 영향을 주었다. 이로 인해 인바운드 마케팅은 콘텐츠의 중요성, 콘텐츠전략, 고객의 흥미를 유도하는 방법, 고객의 관심을 구매로 이어지게 하는 프로세스 등 기교적인 측면에서 많은 발전을 이루어왔다.

반면에 고객을 효과적으로 유인하는 데 있어서는 인바운드 마케팅만으로 한계가 있다는 의견에도 귀를 기울일 필요가 있다. 특히 적극적으로 고객관심을 유발해야 하는 경우에는 (또 조직 내부에 마케팅 자금이 충분한 경우에는) 즉각적 반응이 오지 않는 인바운드 마케팅보다는 아웃바운드 캠페인을 실행하는 게 더 효과적일 수 있다. 따라서 기업이 속한 산업의 특성과 타깃고객의 구매특성, 제품의 특징 등을 고려해 마케팅방식을 전략적으로 판단하는 것이 바람직하다. 아직까지 기업 마케팅현장에서는 푸시성 이메일 마케팅이나 온라인 디스플레이 광고 등의 적극적 유인책이 필요한 경우가 많기 때문이다. 이것이 아웃바운드성 디지털 마케팅시장이 여전히 마케팅의 주류로 남아있는 이유이기도 하다. 또한 때로는 인바운드방식과 아웃바운드방식을 융합한 '믹스Mix전략'이 필요한 경우도 있다.

이러한 현실적인 한계에도 불구하고 인바운드 마케팅은 마케팅 자금과 조직이 취약한 중소기업을 중심으로 계속해서 전파될 것이다. 특히 인바운드 마케팅은 앞서 언급했듯이 제품이 전문적일수록, 산업이 특화되어 있을수록, 제품에 대한 설명과 스토리가 필요할수록 더 효과적인 마케팅방식이라고 할 수 있다.

## 인바운드와 아웃바운드의 이해

인바운드와 아웃바운드의 개념은 콜센터를 기준으로 생각하던 이해하기 쉽다. 먼저 인바운드는 콜센터 직원이 고객에게서 '걸려온' 전화를 받는 것을 의미한다. 이러한 전화는 대부분 제품이나 서비스에 대한 설명을 요구하는 경우가 많다. 반면에 아웃바운드는 우리의 휴대전화를 하루에도 수차례씩 울리게 만드는 판촉전화를 생각하면 된다. 이것은 대부분 특정 목적하에 이루어지는, 전형적인 푸시방식 캠페인에 해당한다.

# 인공지능과 융합하는
# 마케팅 자동화

이제 미래 마케팅의 네번째 키워드인 '마케팅 자동화'의 세계로 들어가보자. 국내 마케팅시장에는 아직까지 마케팅 자동화의 개념과 소프트웨어가 많이 알려져 있지 않지만, 전 세계적인 측면에서는 마케팅 자동화 소프트웨어시장의 규모가 지속적으로 성장하고 있다. 마케팅 자동화라는 개념은 마케터들의 일하는 방식뿐만 아니라, 마케팅방식 자체를 바꿀 수 있다는 점에서 마케팅 실무자들이 반드시 이해하고 있어야 한다. 또한 같은 시각에서 IT 투자자와 개발기업 입장에서도 이러한 마케팅 자동화 테크놀로지에 대해 꾸준히 관심을 기울여야 한다.

마케팅 자동화란 소프트웨어를 기반으로 마케팅 프로세스를 자동화하는 것을 의미한다. 물론 CRM 소프트웨어가 상용화될 때부터 이미 그 내부에 부분적으로 이메일 프로세스를 자동으로 움직이게 하는 기능이 있었기 때문에 이것을 완전히 새로운 개념으로 볼 수는 없다. 그러나 시장환경이 바뀌면서 마케팅 자동화가 CRM과 분리되어 완전히 독립적인 소프트웨어 생태계를 만들게 되었다.

다양한 디지털 미디어가 등장하고 고객들이 온라인과 모바일로 이동하자 기업에서 마케팅 캠페인을 하거나 고객들의 행동패턴과 정보를 얻기가 훨씬 쉬워졌다. 그리고 이것을 과학적으로 관리하면 고객에 대한 훨씬 정교하고 정확한 데이터를 얻을 수 있다는 생각으로 등장한 것이 바로 마케팅 자동화 소프트웨어이다. 마케팅 자동화 소프트웨어는 특히 기존의 CRM 시스템만으로는 디지털 세계에서 검색과 대화를 즐기는 고객들의 관심을 끌고 제품을 구매하도록 유도하는 데 한계가 있다고 생각하던 현업 마케터들에게 큰 환영을 받았다.

마케팅 자동화 소프트웨어의 등장은 마케팅부서의 위상에도 큰 변화를 불러왔다. 과거 B2B기업에서 마케팅부서는 주로 마케팅활동을 통해 얻은 정보를 영업부서에 넘겨주는 보조적인 역할을 담당했다. 그리고 때로는 이러한 업무 프로세스가 이루어지는 과정에서 영업부서로부터 별로 가치없는 정보를 넘겨준다는 핀잔을 듣기도 했다. 그러나 마케팅 자동화 소프트웨어에 의해 이러한 프로세스가 자동화되자 마케팅부서에 좀 더 많은 역할과 신뢰가 주어지게 될 것이다.

한편, 마케팅 자동화 소프트웨어를 개발하는 기업의 창업자나 중역 중에는 유독 마케팅 전문가가 많았다. 이것은 이러한 소프트웨어를 만들기 위해서는 무엇보다 마케팅의 본질과 업무의 흐름, 고객과 교감하는 방법을 알아야 한다는 데서 비롯된 결과이다. 이런 이유로 마케팅 세계에서는 마케팅 자동화 소프트웨어를 '마케터가 만든 최초의 마케팅 솔루션'이라고 부르기도 한다.

마케팅 자동화 솔루션은 2010년 IBM이 유니카Unica라는 솔루션을 4,800만 달러에 인수하면서 시장의 관심을 끌기 시작했다. 이후 오라클이나 세일즈포스닷컴과 같이 CRM 소프트웨어를 개발하는 대형 IT기업들이 독립적으로 자생한 마케팅 자동화 소프트웨어기업들을 인수하는 사례가 이어졌다. 미국의 시장조사업체인 e마케터에서 발표한 자료에 따르면, 2014년 현재 전 세계적으로 디지털 마케팅 자동화 시장 규모는 36억 달러 수준을 보이고 있으며, 2019년에는 55억 달러 규모로 성장할 것으로 예측된다고 한다.

마케팅 자동화가 미래의 마케팅에 어떤 영향을 줄 것인지를 이해하기 위해서는 먼저 단계별 성장과정을 살펴볼 필요가 있다. 마케팅 자동화는 다음과 같이 크게 3단계의 진화과정을 거쳐 성장해왔다.


## 1단계 : 프로세스의 부분적 자동화

2000년 중반까지만 해도 마케팅 자동화는 컴퓨터 프로그래밍을 통해 이메일을 단계적으로 발송하는 프로세스 정도로 인식되었다. 이러한 프로세스는 다음과 같이 진행되었다. 먼저 마커터들이 전체 마케팅 프로세스 관점에서 이메일 캠페인 메시지를 보낼 목표 세그먼트와 마케팅 채널, 캠페인 메시지를 보낼 시점을 정한다. 그리고 이것을 시스템에 저장해놓으면 마케터들이 정한 시점에 이메일이 자동으로 발송된다. 이처럼 마케팅 자동화의 시초는 단순한 이메일 자동 발송 시스템에서 출발했다.

## 2단계 : 프로세스의 완전 자동화

디지털 미디어 채널과 스마트폰이나 태블릿 같은 서로운 디바이스의 등장은 마케터들에게 완전히 새로운 차원의 대응을 요구하게 되었다. 마케터들은 고객들이 여러 마케팅 채널을 훑고 지나간다는 사실은 알고 있었지만, 그 이동경로를 따라가며 마케팅 캠페인을 벌이거나 이동패턴을 추적하는 데는 어려움을 겪었다. 이처럼 고객 세그먼트의 행동패턴이나 선택한 마케팅 채널의 효과성을 알기 힘들었으므로 마케팅 ROI를 예측하기는 더더욱 어려울 수밖에 없었다.

그러나 다른 시각에서 보면 서로 링크로 연결되어 있는 이메일, 블로그, 소셜 미디어, 랜딩 페이지 등의 디지털 미디어를 효과적으로 통제할 수 있다면 마케팅의 효과를 크게 높일 수 있다는 사실이 분명해졌다. 이러한 시각에서 등장한 것이 바로 마케팅 자동화 소프트웨어이다. 이러한 소프트웨어는 주로 디지털 미디어에 초점을 맞춰 고객 반응에 따라 미리 설정해놓은 캠페인 메시지들이 자동으로 발송되도록 설계되었다. 뿐만 아니라 여러 마케팅 채널 중에서 어떤 마케팅 채널이 효과적인지를 분석할 수 있도록 개발되었다. 이러한 의미에서 마케팅 자동화가 '고객의 구매확률을 높일 수 있도록 정교하게 설계된 소프트웨어'와 같은 개념으로 인식되기도 했다.

또한 마케팅 자동화 소프트웨어는 고객반응의 흐름을 고객의 구매단계별, 즉 마케팅 파이프라인Pipeline 단계별로 볼 수 있게 해주었고, 고객을 제품구매를 위한 다음 단계로 넘겨주는 컨버전Conversion(전환)에도 매우 효과적이었다. 참고로 파이프라인과 컨버전은 마케팅 자동화에 있어서 매우 중요한 개념에 해당하므로 이 장의 후미에 별도로 설명하겠다.

지금까지 설명한 마케팅 자동화 소프트웨어의 프로세스를 정리해보면 다음과 같다.

① 하나의 플랫폼에서 다양한 디지털 미디어 채널에 콘텐츠 생성 및 공급
② 소셜 미디어, 이메일, 블로그 등을 통해 잠재고객을 포착
③ B2B기업의 경우 반응고객에 점수를 매겨 다음 활동, 즉 내부 영업부서에 해당 고객정보를 넘겨줄지를 판단(시스템에 룰을 설정할 경우 자동 전달됨)
④ 타깃고객과 '관련된' 마케팅 메시지(또는 콘텐츠)를 지속적으로

보내서 구매를 유도

이 중에서 세 번째 프로세스를 보면 마케팅 자동화 소프트웨어가 특히 B2B기업에서 더 중요한 역할을 하게 된다는 사실을 짐작할 수 있다. 이와 관련해 B2B의 형태로 의료기기 등을 판매하는 GE 헬스케어의 경우 마케팅 자동화 도입을 통해 커머셜 마케팅수준을 높이고 있으며, 마케팅 자동화를 관장하는 별도의 마케팅 자동화 매니저를 두고 있기도 하다. 물론 그렇다고 마케팅 자동화 소프트웨어가 B2B기업에게만 필요한 것은 아니다. 대상의 차이가 있을 뿐 B2B기업과 B2C기업이 디지털공간에서 고객들을 대상으로 마케팅을 하는 방식에는 큰 차이가 없기 때문이다.

## 3단계 : 인공지능의 개입

마지막으로 현재 마케팅 자동화 소프트웨어가 지속적으로 인공지능과의 융합을 시도하고 있다는 데 주목할 필요가 있다. 앞서 설명했듯이 마케팅 자동화는 마케팅 프로세스의 자동화를 의미하지만, 그렇다고 관련 소프트웨어나 솔루션이 마케터들이 하고 있는 모든 마케팅활동을 대신하는 것은 아니다. 다시 말해 소프트웨어는 소프트웨어일 뿐, 마케팅을 기획·진행하고 분석·판단하는 일은 어디까지나 마케터의 영역에 해당했다.

　그런데 최근의 빅데이터 분석기술과 인공지능 테크놀로지의 발전이 마케팅 자동화를 지금과는 다른 수준으로 끌고가고 있다. 마케팅 자동화 소프트웨어가 조금씩 인간(마케터)의 판단영역에 개입하고 있는 것이다. 예를 들어 어떤 고객이 여행사에서 보낸 여행상품 관련 이메일을 보다가 링크가 걸린 여행사의 웹페이지를 방문했다고 해보자. 이럴 경우 해당 고객은 웹페이지의 내용을 보고 그냥 빠져나가거나, 다시 배너를 클릭하거나 하는 등의 행동을 할 것이다. 기존의 마케팅 자동화 소프트웨어는 이러한 고객행동에 따라 고객이 방금 본 제품에 대한 추가할인 정보가 담긴 이메일을 보내는 식의 대응을 할 것이다. 반면에 마케팅 소프트웨어에 인공지능이 융합되면 온라인에서의 고객행동 패턴을 분석해 전혀 제품을 구매할 확률이 없는 고객은 아예 마케팅 대상에서 제외하거나, 반대로 고객이 웹페이지를 보고 있는 그 순간에 더 관련성 높은 정보를 추천할 수 있게 된다. 즉, 인공지능과 융합한 마케팅 자동화 소프트웨어가 마케터를 대신해서 고객성향을 순간적으로 판단해서 최적의 마케팅 메시지를 보내게 된다는 것이다. 실제로 마케투Marketo라는 기업에서는 인공지능 분석기업과 손잡고 자사의 마케팅 자동화 소프트웨어를 통해 고객들에게 이러한 서비스를 제공하고 있다.

　앞으로 인공지능이 얼마나 발전할지 예측할 수 없기 때문에 미래에 마케팅 자동화수준이 어디까지 발전할지 또한 정확히 예측하기 힘들다. 다만 인공지능이 마케터들의 판단영역을 침범해 들어올수록 마케팅이 완벽한 자동화에 가까워질 것만은 확실해보인다. 이처럼 마케팅 자동화수준이 높아질수록 사람이 하는 마케팅업무는 조금씩 줄어들 것이다. 반면에 마케터 입장에서는 마케팅 자동화와 같은 테크놀로지 기반의 마케팅기법을 익힘으로써 또 하나의 역량을 키워나갈 수 있다. 실제로 현재 전 세계적으로 수많은 마케터들이 테크놀로지 기반의 마케팅 솔루션을 배우려는 열풍이 부는 등, 여러모로 마케팅 자동화가 마케팅시장의 뜨거운 이슈로 떠오르고 있다

### 마케팅 컨버전과 마케팅 파이프라인

마케팅 자동화에 대한 이해를 좀 더 높이기 위해서는 마케팅 컨버전Marketing Conversion과 마케팅 파이프라인Marketing Pipeline에 대한 개념을 이해할 필요가 있다. 다만 이 설명에는 이론적인 내용이 많이 담겨 있으므로 굳이 자세한 내용이 필요없다면 다음 장으로 넘어가기를 바란다.

**• 마케팅 컨버전**

마케팅 캠페인의 목적은 고객들의 관심을 끌고, 고객이 다음 행동을 하도록 유인해서 결과적으로 제품을 구매하게 만드는 데 있다. 이러한 캠페인과정에서 고객이 구매를 위한 다음 단계로 이동하는 것을 '컨버전'이라고 한다. 참고로 온라인 마케팅에서 고객이 클릭한 비율을 의미하는 'CTR<sup>Click Through Rate</sup>'이라는 지표 역시 컨버전 지표 중

하나이다.

피터 드러커는 '가장 훌륭한 기업은 마케팅을 하지 않아도 잘 팔리는 제품을 가진 기업'이라고 했지만, 현실적으로 그런 제품을 가진 기업은 매우 드물기 때문에 기업은 마케팅을 통해 수요를 창출해야 한다. 그러나 대부분의 고객은 마케팅에 바로 반응하지 않는다. 그래서 마케팅은 우선 고객의 반응을 일으키고, 반응고객을 구매를 위한 다음 단계로 넘어가게 하는 것이 중요하다. 이렇게 고객을 단계별로 유인할수록 구매확률이 높아지기 때문에 대부분의 마케팅 테크놀로지가 이것에 초점을 맞춰 개발되어 왔다. 그리고 이렇게 개발된 테크놀로지가 컨버전을 높일 수 있다는 사실을 증명해내면 기업들의 투자를 더 쉽게 이끌어낼 수 있다.

• 마케팅 파이프라인

마케팅 파이프라인은 한마디로 마케팅 컨버전의 전체 흐름을 눈으로 확인해가며 전략적으로 관리하게 해주는 체계를 의미한다. 마케팅 파이프라인은 다음 쪽의 그림과 같이 프로세스가 마치 '깔대기'의 모양처럼 표현된다고 해서 '마케팅 퍼널<sup>Funnel</sup>'이라고 불리기도 한다. 마케팅 파이프라인의 입구가 넓은 이유는 마케팅 캠페인에 타깃고객이 위치한 다양한 마케팅 채널이 동원되기 때문이다. 그러나 그러한 캠페인에 반응하는 고객 수는 타깃고객 집단보다 적을 수밖에 없으므로 파이프라인의 넓이는 줄어들게 된다. 마찬가지로 적극적으로 구매의향을 보이는 고객 수와, 실제로 제품을 구매하는 고객 수는 계속해서 줄어들 수밖에 없으므로 마케팅 파이프라인은 밑으로 내려갈수록 좁아지는 형태를 보이게 되는 것이다.

●출처 : www.google.com

이처럼 마케팅 파이프라인은 마케팅 캠페인의 전체 모습을 보여준다는 측면에서 마케터들이 캠페인과정에서 시행착오를 수정하는 데 큰 도움을 주게 된다. 예를 들어 마케팅 캠페인에 반응하는 고객 수가 지나치게 적다면, 즉 파이프라인의 형태가 위에서부터 급격하게 줄어드는 모습을 보인다면 마케터들은 타깃고객 설정이 잘못되었는지 혹은 마케팅 채널을 잘못 선택했는지 등을 다시 고민하게 된다. 또한 반응고객 수는 많은 반면 최종 구매율이 저조한 경우 구매 프로세스에 문제가 있거나, 결정적인 구매동인을 이끌어내지 못하고 있다는 판단을 할 수도 있다. 이처럼 마케팅 파이프라인은 마케팅 캠페인을 전략적으로 관리하는 측면에서 매우 유용하게 활용되고 있다. 한편, 마케팅 파이프라인으로 인해 몇 가지 마케팅 콘셉트들이 파생되어 나오기도 했다. 하나는 '리마케팅[Re-Marketing]'이라는 콘셉트이다. 마케팅 파이프라인 프로세스에 따라 기업에서 마케팅 캠페인을 진행할 때 캠페인에 반응한 고객 중 일부는 바로 구매를 결정하기도 하지만, 어떤 고객들은 반응은 보인 반면 바로 구매할 의사가 없기 때문에 카트에 넣어두기만 하는 경우도 있다. 이때 판매자 입장에서 카트에 제품정보를 넣어둔 고객만을 대상으로 다시 마케팅을 실행할 경우 구매 가능성을 크게 높일 수 있는데, 바로 이러한 마케팅활동을 리마케팅이라고 한다. 참고로 지금은 이 콘셉트가 모바일로 이동해서 모바일 리마케팅시장의 규모를 키워나가고 있다.

또한 마케터들이 마케팅 파이프라인을 통해 고객의 구매단계를 투명하게 분석할 수 있게 되면서 자신이 실행한 마케팅전략이 옳았는지, 실행단계에서 문제가 없었는지 등을 확인해보고 싶은 니즈도 강해졌다. 이에 따라 이러한 니즈를 해결해주는 분석도구들이 나오게 되었다. 현재 무료로 제공되고 있는 구글 애널리틱스 역시 컨버전과 파이프라인 현황을 파악하게 해주는 도구 중 하나이다.

마케팅 파이프라인에서 파생되어 나온 또 하나의 마케팅 콘셉트는 '리드 스코어링Lead Scoring'이다. 리드 스코어링이란 고객들을 점수화해 세그먼트로 나누고, 그러한 세그먼트에 따라 마케팅전략을 세우는 것을 의미한다. 리드 스코어링은 컨버전 자체로는 어떤 고객의 구매 가능성이 더 높은지를 파악할 수가 없다는 한계를 보완해주는 역할을 한다. 참고로 앞에서 마케팅 자동화에 대해 설명할 때, B2B기업의 마케팅부서에서 마케팅 캠페인에 반응하는 고객을 대상으로 점수를 매겨 일정 점수가 넘어가는 고객정보를 영업부서로 넘겨준다고 했는데, 이것을 '마케팅 리드 스코어링Marketing Lead Scoring'이라고 부른다.

마케팅 캠페인의 시작에서 영업 매출화까지로 연결되는 전체 파이프라인의 흐름과 개념을 살펴보면 다음과 같다.

- MQL<sup>Marketing Qualified Lead</sup> : 일정한 룰에 따라 마케팅 캠페인을 통해 발생한 수많은 고객반응과 문의를 검토하고 통과시키면 마케팅부서에서 검증한 리드가 된다.
- SAL<sup>Sales Accepted Lead</sup> : 마케팅부서에서 넘겨준 잠재고객에 대한 정보를 영업부서에서 접수하는 것을 의미한다.
- SQL<sup>Sales Qualified Lead</sup> : 영업부서에서 다시 잠재고객에 대한 정보를 검토하는 것을 의미한다. 이 프로세스를 통과하면 영업사원에게 해당 정보가 할당되고 영업사원들은 영업활동을 진행한다. 따라서 MQL에서 넘어온 정보의 품질이 높아야 영업사원이 시간을 낭

**파이프라인 프로세스와 리드 스코어링**

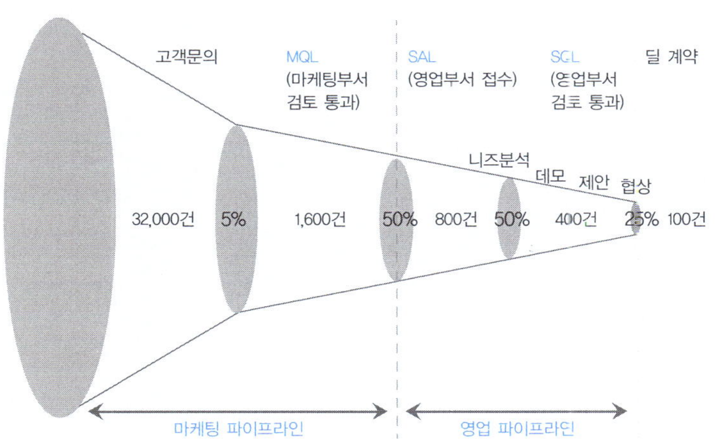


● 출처 : www.funnelholic.com, (퍼널홀릭) 파이프라인 수정

비하지 않게 된다.

앞쪽의 그림은 마케팅부서에서 마케팅 파이프라인을 담당하고, 영업부서에서 영업 파이프라인을 담당하는 모습을 잘 표현해주고 있다. 그림과 같이 마케팅부서에서 MQL까지의 프로세스를 담당하고, 마케팅부서에서 검증한 영업기회가 영업부서로 넘어가면 이것이 영업부서에서 인수받는 SAL이 된다. 이때 마케팅부서에서 영업부서에 넘겨줄 만한 정보인지 판단하기 위해서 점수를 매기는 것을 리드 스코어링이라고 한다. 오늘날 IT를 기반으로 한 마케팅 프로세스와 소프트웨어들이 이와 유사한 구조로 이루어져 있다.

마케팅부서에서 점수를 매기는 방식은 각 기업이 자신의 비즈니스 속성과 환경에 따라 정하기 때문에 각기 다른 룰이 적용될 수 있다. 파이프라인에 기반한 이러한 캠페인관리 방식은 주로 B2B기업에서 쓰이고 있지만, B2C기업에서 구매가능성이 높은 고객에 집중하기 위한 방법으로 쓰이기도 한다.

필자의 블로그에서도 파이프라인 방식 마케팅에 대한 설명을 지속적으로 올릴 예정이므로 참고하기를 바란다.

• 블로그 : www.digitalmarketingkorea.com

# 광고 테크놀로지와
# 마케팅 테크놀로지와의 융합

이 장에서는 최근 몇 년 간 글로벌 광고시장에서 가장 주목을 받고 있는 광고시장과 마케팅 테크놀로지의 융합에 대해 알아보자.

디지털시대에 들어서면서 TV 등 전통적인 미디어에 의한 광고는 줄어들고 있는 반면, 디지털 미디어를 이용한 광고의 비율은 계속해서 늘어나고 있다. 이러한 디지털광고는 크게 검색광고와 온라인 디스플레이 광고영역으로 구분된다. 검색광고는 말 그대로 소비자들이 검색했을 때 보이는 광고를 의미하며, 판매자 입장에서는 온라인 타깃 마케팅에 주로 활용되는 광고에 해당한다. 온라인 디스플레이 광고는 판매자(광고주)가 타 웹사이트에 돈을 지불하고 배열하는 광고를 말하며, 현재 이 분야가 마케팅 테크놀로지와 융합하면서 광고시장에 엄청난 변화를 불러일으키고 있다.


## 광고시장의 새로운 트렌드, 프로그래매틱 광고


온라인 디스플레이 광고의 주체는 크게 광고를 의뢰하고 돈을 지급하는 광고주(판매자)와 그들의 의뢰를 받아 대중에게 광고를 보여주는 퍼블리셔Publisher, 그리고 이 양자 간의 계약을 성사시키는 에이전시로 구성된다. 일반적으로 이러한 계약이 체결되는 과정에서는 수많은 협상과 동의절차가 필요하기 때문에, 실제로 광고주의 광고가 퍼블리셔의 웹사이트에 배치되기까지는 상당한 시간이 소요된다.

한편, 온라인 디스플레이 광고의 가격은 퍼블리셔의 웹사이트의 인지도가 높아서 많은 웹트래픽을 유발할수록 올라간다. 반면에 퍼블리셔가 보유한 웹사이트의 인지도가 떨어지면 오히려 퍼블리셔가 광고주를 모셔야 하는 위치에 서게 될 수도 있다. 이처럼 온라인 디스플레이 광고 역시 광고매체의 인지도에 따라 가격이 천차만별로 달라진다는 측면에서는 전통적인 매체와 유사성이 있다고 할 수 있다.

그런데 최근 들어 온라인 디스플레이 광고시장의 생태계를 변화시키는 새로운 트렌드가 발생했다. 바로 '프로그래매틱 광고Programatic Ads' 거래모델이 등장한 것이다. 프로그래매틱 광고는 광고주와 퍼블리서가 온라인 거래 플랫폼을 통해서 직접 거래하는 방식을 말한다. 이때 퍼블리셔는 빅데이터 및 인공지능과 융합한 데이터분석 시스템을 이용해 광고주들이 데이터 기반의 광고 투자판단을 할 수 있도록 돕게 된다. 현재 이러한 방식의 프로그래매틱 광고시장의 규모가 가파른 상승세를 타고 있다.

〈비즈니스 인사이드〉에 따르면 미국의 프로그래매틱 광고시장은 2015년에 성장세가 급상승하는 티핑 포인트Tipping Point를 맞아 15억 달러 규모에 이를 것으로 예측된다고 한다. 또한 빅데이터 마케팅분석 기술을 제공하는 데이터주DataXu에서 발표한 마케팅시장 리포트에 따르면, 2015년을 기준으로 미국의 경우 디지털 마케팅 광고예산의 51.1퍼센트가, 전 세계적으로는 20퍼센트가 프로그래매틱 광고에 배정되어 있으며, 2016년에는 이 비율이 각각 56.2퍼센트와 26.8퍼센트까지 증가할 것으로 예상된다고 한다. 시장조사업체인 e마케터 역시 2015년 기준 프로그래매틱 광고 지출이 미국 전체 광고시장에서 예년 대비 137퍼센트 성장해서 10억 달러(1조 1,000억 원)에 이를 것이고, 2016년에는 그 규모가 2배 성장할 것이라고 예측했다. 대표적으로 P&G의 경우 전체 디지털 마케팅 광고예산 중 70~75퍼센트를 프로그래매틱 광고에 할당하고 있다고 한다. 프로그래매틱 광고시장 초기 단계에 있는 우리나라 역시 이러한 세계적인 흐름에 많은 영향을 받을 것으로 보인다.

## 디지털광고 테크놀로지와 마케팅 테크놀로지와의 융합

프로그래매틱 광고의 등장은 광고산업 역시 디지털 혁명이라는 거친 변화의 물결에서 벗어날 수 없다는 사실을 반증해준다. 즉, 금융산업을 중심으로 전통적인 거래방식을 온라인화한 디지털 혁명의 영향력이 광고시장에도 어김없이 적용된 것이다.

특히 프로그래매틱 광고는 단순히 광고 거래시장의 온라인화라는 측면을 넘어, 디지털광고 테크놀로지와 마케팅 테크놀로지와의 융합을 통해 퍼블리셔가 광고주에게 더 효과적인 광고 포지셔닝을 제안해줄 수 있게 되었다는 점에서 더 큰 의의를 찾을 수 있다. 즉, 디지털 매체에서 쏟아져나오는 방대한 데이터, 즉 빅데이터분석을 통해 광고주에게 어느 공간에 어느 메시지를 위치시켰을 때 어떤 효과를 얻을 수 있는지를 보여줄 수 있게 된 것이다. 이런 이유로 현재 프로그래매틱 광고분야에는 인공지능을 연구한 과학자들이 뛰어들어 시장을 선도하고 있으며, 머신러닝 분야의 과학자들이 이러한 테크놀로지와 관련된 소프트웨어를 만들고 있다.

그 대표적인 사례로, 과학을 마케팅에 도입하는 방식으로 기업의 성장을 이끌고 있는 미국의 데이터주DataXu를 들 수 있다. 데이터주는 MIT의 우주항공 과학자들이 모여서 만든 기업으로, 이들은 자신들의 재능을 마케팅과 융합하면 놀라운 가치를 만들 수 있다고 판단했다. 그 결과 현재 이 기업은 마케팅 광고 플랫폼에 인공지능과 예측분석 테크놀로지를 도입해 고객들의 기본 프로파일과 구매이력, 소셜 미디어에서의 행적을 바탕으로 광고효과를 사전에 예측하게 해주는 서비스를 제공하고 있다. 이들이 제공하는 서비스는 광고키를 투자해야 할 이유를 사전에 알고 퍼블리셔의 광고를 선택할 수 있게 해준다는 점에서 광고주들로부터 큰 호응을 얻고 있다.

이러한 마케팅 테크놀로지와 과학의 융합은 향후 광고 미디어 세계를 크게 흔들어 놓을 가능성이 크다. 지금까지는 광고주들이 직감에 따라 정해진 디지털공간에 광고를 올리느냐 마느냐를 선택했다면, 이러한 융합에 따라 앞으로는 사전에 광고에 따른 효과, 즉 ROI를 분석한 후에 선택하는 과학적 투자가 가능해질 것이기 때문이다.

## 프로그래매틱 광고 거래모델의 구조

프로그래매틱 광고의 구조를 이해하려면 이와 관련한 몇가지 개념들을 먼저 이해해야 한다. 바로 DSP, SSP, RTB, DMP 등이 그것으로, 그 구체적인 내용은 다음과 같다.

먼저 DSP<sup>Demand Side Platform</sup>는 광고주가 퍼블리셔의 웹사이트 내에서 원하는 위치에 광고를 배치하고 싶을 때 해당 공간의 실시간 가격을 눈으로 볼 수 있게 해주는 플랫폼을 말한다. 반면에 SSP<sup>Supply Side Platform</sup>는 퍼블리셔를 위한 플랫폼으로, 광고주에게 광고공간과 가격을 제시하는 용도로 활용된다. 그리고 RTB<sup>Real Time Bidding</sup>는 광고주와 퍼블리셔가 실시간으로 비딩<sup>Bidding</sup>, 즉 서로가 원하는 조건을 제시해 계약하는 것을 의미한다.

한편, 광고주 입장에서는 과거의 광고 데이터를 통해 어떤 공간에 광고를 배치시켰을 때 자신들이 타깃으로 생각하는 고객들이 어떤 반응을 보였으며, 그에 따른 합리적 가격은 얼마인지를 알고 싶어한다. 이를 위해서는 고객행적을 추적할 수 있는 쿠키정보를 모으고, 이러한 정보를 분석할 수 있는 시스템이 필요한데, 바로 이러한 역할을 하는 것이 DMP<sup>Data Management Platform</sup>이다. 특히 DMP는 광고주뿐만 아니라 광고 대행사나 퍼블리셔 입장에서도 광고 데이터를 분석하기 위해 필요한 시스템이다.

위에서 설명한 4가지 개념의 흐름을 그림으로 표현하면 다음과 같다. 그림을 통해 알 수 있듯이 프로그래매틱 광고는, 광고주는 DSP

**프로그래매틱 광고의 프로세스**

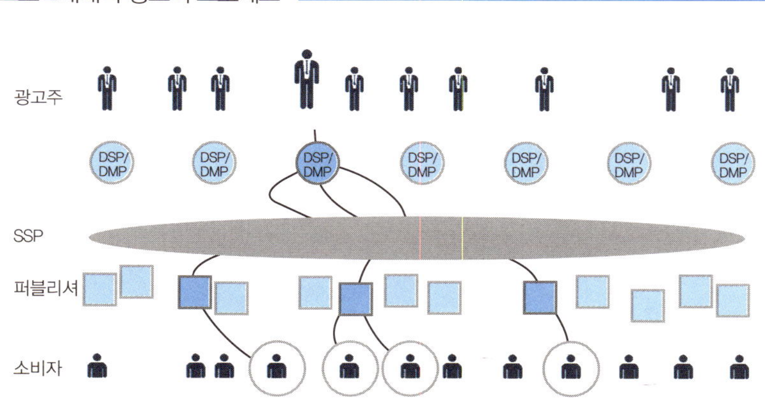


● 출처 : 로켓퓰, 2015

및 DMP 플랫폼을 통해서, 퍼블리셔는 SSP를 통해서 원하는 조건을 올린 후 이를 비딩하는 프로세스를 거쳐 거래가 성사된다. 이러한 거래는 에이전시를 통해 협상하는 과정을 거치지 않고 매우 빠른 속도로 진행된다는 특징이 있다. 다만 에이전시가 광고주를 대신해서 광고를 분석하고 판단하는 일을 진행할 수는 있다.

이처럼 프로그래매틱 광고는 모든 거래과정이 사람의 개입을 최소화하고 테크놀로지에 의해서 이루어진다는 점에서 거래 효율성의 혁신을 이룬 사례로도 볼 수 있다. 또한 소비자들 입장에서도 보다 개인화되고 관련성 높은 정보를 받아볼 수 있다는 측면에서 일종의 혜택이 돌아간다고 볼 수 있다. 전체 광고 생태계 측면에서도 더 투명하고 품질이 높은 광고 콘텐츠가 보급된다는 점에서 의의를 찾을 수 있으며, 특히 광고주 입장에서는 마케팅 투자관점에서 타깃고객들이 예측한 대로 광고에 반응했는지, 타깃 설정이 정확했는지를 확인할 수 있다는 효과를 얻을 수 있다.

한편, 프로그래매틱 광고의 미래에는 몇 가지 장애가 놓여있다.

첫째, 시스템이 복잡하다는 점이다. 현재 앞에서 열거한 DSP, SSP, DMP와 관련해 모두 각기 다른 시스템 공급자들이 지각각의 솔루션을 내놓고 있기 때문이다. 다만 기술적 융합이 계속되고 있는 만큼 앞으로 더 간단한 거래구조로 진화될 것으로 예측된다. 참고로 현재 미국에서는 마케팅조직이 큰 대기업의 경우 에이전시를 활용하지 않고 기업 내부의 IT전문가와 마케팅 실무자가 직접 DSP 및 DMP를 운영하거나, 계열사 광고 에이전시가 그 역할을 대신하는 경우가 있다. 반면에 이보다 규모가 작은 기업에서는 초기에 일정 정도 광고 에이전시의 도움을 받아야 할 것으로 보인다.

둘째, 아직까지는 광고주나 퍼블리셔들에게 프로그래매틱 광고에 대한 인식이 널리 확산되어 있지 않다는 점이다. 우리나라의 경우 어쩌면 이 책을 통해 이 개념을 처음 접한 독자도 많을 것이다.

마지막으로, 기존 광고시장에서 팔리지 않는 싼 광고만 프로그래매틱 광고 플랫폼에 올라올 가능성도 있다는 점이다.

그러나 시장논리는 항상 효율성의 경제를 추구한다는 점에서 이러한 장애들은 점차 해결점을 찾아나갈 것으로 보인다.

# 데이터와 센서의 융합을 통한 마케팅의 진화

IT버블이 꺼진 후에도 여전히 E-커머스는 성장해왔고, 인터넷을 활용한 다양한 방식의 테크놀로지가 쏟아져나왔다. 또한 IT는 오늘날에도 여전히 세계 경제의 성장엔진으로 자리잡고 있으며, 앞서 언급한 영화 〈마이너리티 리포트〉에서 묘사한 미래의 모습, 즉 데이터를 통한 예측, 모션motion을 통한 컴퓨터와의 대화, 센서sensor의 상업화 등을 하나하나 현실로 만들어가고 있다. 그리고 이러한 변화의 속도는 점점 빨라져서 앞으로 10년 후에는 현재 우리가 미래 트렌드로 인지하고 있는 초연결, 빅데이터, 사물 인터넷 등까지도 유행에 뒤떨어진 개념으로 만들어버릴지 모른다.

이러한 거대한 변화의 근원에는 인터넷이 있다. 태초에 케이블을 통해 컴퓨터들을 연결시킴으로써 산업지도를 바꿔놓았던 인터넷이 이제는 모든 디지털기기들을 무선으로 연결시킴으로써 또 다른 산업지도를 그려나가고 있다. 과거의 연결이 웹 접속을 통한 스크린과 스크린 간의 연결이었다면, 미래의 연결은 스크린과 센서 간, 센서와 센서 간, 소프트웨어와 하드웨어 간의 연결을 의미하게 될 것이다. 이러한 변화는 다음과 같이 한 문장으로 표현해볼 수 있다.

'센서는 반응을 하고, 데이터는 의미를 전달한다'.

이것이 바로 우리가 곧 맞이하게 될 사물 인터넷의 모습이다.


## 모든 것이 융합되는 미래의 풍경


초연결시대에 우리는 다양한 융합모델을 생각해볼 수 있다. 우선 공간 디바이스 간의 융합이다. 예를 들면 고객이 지닌 디바이스를 판매자의 비콘이 포착해 고객에게 캠페인 메시지를 보내는 것을 말한다. 이것은 지오펜싱Geofencing(지리Geographic와 담Fencing의 합성어) 테크놀로지의 하나로, 과거 위치기반 시스템Location Based System의 발전된 형태로 볼 수 있다. 이러한 테크놀로지가 적용된 센서는 쇼핑공간의 어느 구석에 부착되어 고객들의 모바일 디바이스를 포착해서 끊임없이 캠페인 메시지를 발송해댈 것이다. 미국의 메이시스백화점Macys의 경우 이미 고객들이 백화점 근처에 오면 센서를 통해 고객들의 스마트폰을 포착해 캠페인 메시지를 보내는 시스템을 운영하고 있다. 롯데그룹 역시 이처럼 오프라인과 온라인을 융합하는 마케팅을 미래 추진전략으로 설정해놓고 있다.

고객의 모바일 디바이스는 판매자의 비콘에 포착되고, 마케팅 프로그램 소프트웨어에 의한 분석과정을 거쳐 고객들은 개인화된 제품을 추천받는다. 이것은 시간의 융합이기도 하다. 즉, 시스템이 고객과의 과거의 관계(예를 들면 거래내역과 패턴)뿐만 아니라 현재의 관계(예를 들면 고객의 가족 구성현황이나 직업 등)를 모두 파악해서 개인화된 정보를 제공한다는 의미다.

초연결시대에는 개인화의 모습도 달라질 것이다. 이전 시대가 웹 개인화의 시대였다면, 사물 인터넷시대는 '사물 개인화'의 시대가 될 것이다. 이것은 곧 IOT<sup>Internet of Things</sup>를 넘어 POT<sup>Personalization of Things</sup>의 시대가 도래할 것임을 의미한다. 미국 SPG호텔의 사례를 보면 이것이 이미 현실화되고 있음을 알 수 있다. 이 호텔에서는 고객이 체크인을 하기 위해 홀에 들어서는 순간 센서를 통해 고객의 모바일을 탐색해서 자동으로 체크인이 되고, 고객이 투숙할 방으로 다가가서 앱을 인식시키면 문이 자동으로 열리는 서비스를 제공하고 있다. 또한 고객이 방에 들어서면 컴퓨터가 해당 고객이 주로 듣던 음악을 알아서 틀어주는 서비스도 제공하고 있다. 이러한 테크놀로지는 지금까지 고객들이 접해보지 못한 새로운 차원의 경험을 제공할 것이다. 아울러 향후 이러한 고객경험을 위한 테크놀로지가 점차 공간(온라인, 오프

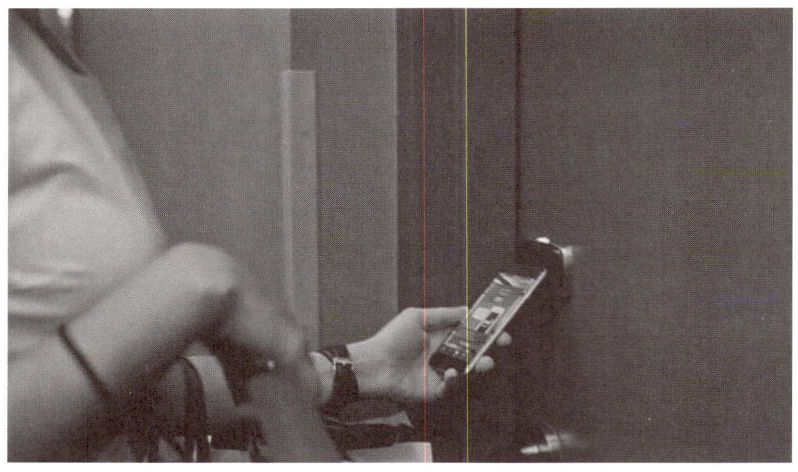

라인)과 시간을 융합해 고객에게 편안함을 제공하는 방향으로 진화할 것이라는 사실을 짐작해볼 수 있다.

마케팅 테크놀로지의 역사는 지금까지 소비자들이 복잡한 테크놀로지를 이해할 필요가 없도록 진화해왔다. 심지어 앞으로는 모니터를 터치할 필요조차 없는 시대로 진입할 것이다. 패스트 컴퍼니의 CEO 워크 스미스는 이러한 미래의 모습을 '스크린의 시대에서 센서의 시대로의 전환'이라고 표현하기도 했다.

다만 소비자 관점에서는 이러한 디지털 테크놀로지의 진화가 오히려 '수동적' 디지털로의 전환을 의미할 수도 있다. 아직까지 소비자들은 화면을 보고 터치해가며 수시로 선택과 판단을 해야 하는 시대에 살고 있다. 그러나 미래에는 이러한 선택과 판단의 과정마저 점점 기계가 대신하는 시대가 올 것이다. 곧 현실화될 것으로 보이는 무인 자동차시대가 수동적 디지털시대의 예고편이 될 수도 있다. 사람이 적극적으로 기계를 통제하던 시대는 가고 자동화된 프로그램에 의해서 수동적으로 서비스를 받는 시대가 다가오고 있는 것이다.

이 장에서는 이처럼 모든 것이 자동화되는 시대에 기업의 마케팅 영역에서 할 수 있는 역할은 무엇이며, 마케팅 관점에서 어떠한 기회를 찾아나가야 하는지에 대해 살펴보겠다.


## 초연결시대에서의 마케팅 키워드


사물에 센서가 1만 개가 붙든, 100만 개가 붙든 소비자들은 그저 그것들이 자신의 삶을 편리하게 해주고, 삶의 질을 높여주고, 재미있는 경험을 제공해주기를 바랄 뿐이다. 그리고 컴퓨터로 연결된 정보들이 개인의 은밀한 프라이버시 이슈를 야기시켜서 법적인 고민을 하지 않기를 바란다. 이처럼 미래 테크놀로지의 발전은 소비자들이 머리를 쓸 일은 점점 줄어들게 하는 반면, 마케터들이 머리를 써야 할 일은 점점 늘어나게 만들 것으로 보인다. 테크놀로지의 발전이 소비자들의 구매행위 분석을 더 쉽게 만들지는 않을 것이기 때문이다. 마케터들이 이러한 변화에 대비하려면 초연결시대에서의 3가지 마케팅 핵심 키워드, 즉 데이터 해석의 중요성, 컨텍스트 마케팅 Contextual Marketing의 중요성, 상황 마케팅 Situational Marketing의 증요성을 반드시 고려해야 한다. 이 키워드들이 가지는 구체적인 의미는 다음과 같다.

첫째, 데이터 해석의 중요성이 강조됨에 따라 마케터들에게도 소프트웨어를 다루는 능력에 대한 요구가 더욱 늘어날 것이다. 또한 데이터 과학자들이 해야 할 일이 더욱 늘어나고, 이들이 크리에이티브 전문가들과 융합하는 사례도 늘어날 것이다. 앞으로는 이러한 데이터 해석을 통해 고객상황을 정확히 이해하고 공감을 일으킬 수 있느냐가 마케팅 성공의 핵심요건이 될 것이다.

둘째, 초연결시대에서는 고객에게 관련성 높은 정보를 제공하는 컨텍스트 마케팅에 대한 요구가 지금보다도 훨씬 높아질 것이다. 컨텍스트 마케팅은 고객에 대한 강제적 간섭을 최소화하면서, 고객의 디바이스와 선호하는 마케팅 채널을 미리 파악해 관련성 높은 콘텐츠를 제공해서 구매를 유도하는 마케팅기법을 의미한다. 따라서 컨텍스트 마케팅의 효과를 높이기 위해서는 무엇보다 고객에 대한 정보를 전방위적으로 파악하는 것이 중요하다.

셋째, 위의 2가지 변화와 같은 맥락에서 고객의 상황을 고려한 상황 마케팅의 중요성이 강조될 것이다. 상황 마케팅이란 고객의 과거와 현재, 물리적 이동공간 등의 상황을 모두 고려해서 마케팅을 실행하는 기법을 의미한다. 예를 들어 온라인 쇼핑몰에 접속한 고객에게 '축하합니다, 고객님. 올해 결혼한 따님께서 임신을 하셨더군요. 제가 최신 유행하는 영유아 드레스를 추천해드리겠습니다'라는 메시지를 보내는 것을 말한다.

## 다시 미래의 권력은 마케팅으로

지금까지 설명한 미래가 현실로 다가오면 마케팅의 역할은 어떻게 변화될까? 초연결시대에도 여전히 시장의 권력이 소비자에게 남아 있을까? 〈타임〉에서 인터넷시대를 이끄는 주체로서 '당신(YOU)'을 올해의 인물로 지정했던 2006년에는 파워 블로거의 세력이 커지고, 소셜 미디어 플랫폼이 글로벌 소비자들의 주요 커뮤니케이션공간이 되었던 시점이었다. 소비자들이 판매자들이 일방적으로 보내주는 제품 정보에 귀 기울이던 시대에서, 소비자 간의 대화와 공감을 통해 제품에 대한 평판이 이루어지는 시대가 된 것이다. 그렇게 소비자들은 인터넷의 주인이 되고, 마케터들보다 훨씬 강력한 권력을 갖게 되었다.

그러나 패스트 컴퍼니의 CEO 워크 스미스는 미래에는 시장의 권력이 다시 마케터에게 넘어올 수 있다고 주장했다. 그가 말하는 미래에는 소셜 미디어가 일반화되어 사람들의 관심에서 멀어지고 모든 관심이 사물과의 연결에 쏟아질 것이다. 앞서 언급한 무인 자동차의 사례처럼 소비자들의 판단을 기계가 대신하게 되면 소비자들은 수동적으로 서비스를 받는 입장에 처할 수밖에 없다. 이러한 상황에서 마케터가 테크놀로지를 더욱 적극적으로 받아들이고, 이를 통해 소비자들에게 더 관련성 높은 정보와 가치를 전달한다면 시장에서의 권력을 되찾을 수 있을 것이다.

# 마케팅 테크놀로지시대의
# 핵심 키워드, 마케팅 클라우드

이 장에서는 오늘날 마케팅 테크놀로지영역에서 매우 큰 위치를 차지하고 있는 마케팅 클라우드<sup>cloud</sup>에 대해 살펴보자. 인터넷 속도가 빨라지고 전 세계적으로 인터넷 인프라가 크게 개선되면서 서버를 '빌려주는' 클라우드 서비스가 소프트웨어산업의 주류로 떠올랐다. 이로 인해 현재 수많은 소프트웨어 및 하드웨어기업에서 클라우드 인프라를 제공하고 있으며, 거의 모든 인터넷 관련 기업들이 클라우드 기반의 환경을 구축하고 있다. 아마존 역시 그들의 서버가 남아돈다는 사실에 착안해 기업들에게 클라우드 서버를 제공하는 '아마존

웹 서비스<sup>Web Service</sup>' 사업을 시작했다.

클라우드의 영향은 마케팅 테크놀로지영역에도 예외없이 적용되었다. 현재 마케팅 소프트웨어를 만드는 기업들은 므두 클라우드를 기반으로 한 서비스를 제공하고 있다. 현재 마케팅 클라우드시장은 클라우드의 다양한 장점, 즉 전 세계적으로 서비스를 빠르게 확산시킬 수 있다는 점, '월 사용료'를 받아 안정적으로 수입원을 확보할 수 있다는 점, 시스템 혁신의 효과를 개발기업과 고객사가 모두 볼 수 있다는 점, 보안이슈에 대한 두려움이 완화되었다는 점 등에 힘입어 폭발적인 성장세를 보이고 있다.

## 클라우드의 어제와 오늘

사실 클라우드의 역사는 꽤 오래된 편이다. 미국의 과학자 대니얼 버랜트<sup>Daniel Berleant</sup>는 그의 저서《미래를 향한 인간의 경주<sup>The human race to the future</sup>》에서 하이퍼링크에서 클라우드까지 발전해온 모습을 다음 쪽 그림과 같이 표현했다.

그림을 통해 알 수 있듯이 클라우드의 역사는 '하이퍼링크<sup>Hyperlink</sup>'에서 시작되었다. 1960년대에 처음으로 하이퍼텍스트 시스템을 개발해낸 사람은 발명가 더글라스 엥겔바트<sup>Duglas Engelbart</sup>였다. 참고로 엥겔바트는 컴퓨터용 마우스를 최초로 개발한 사람이기도 하다. 이어 1965년에는 컴퓨터학자인 테어도어 넬슨<sup>Theodor Holm Nelson</sup>이 하이퍼

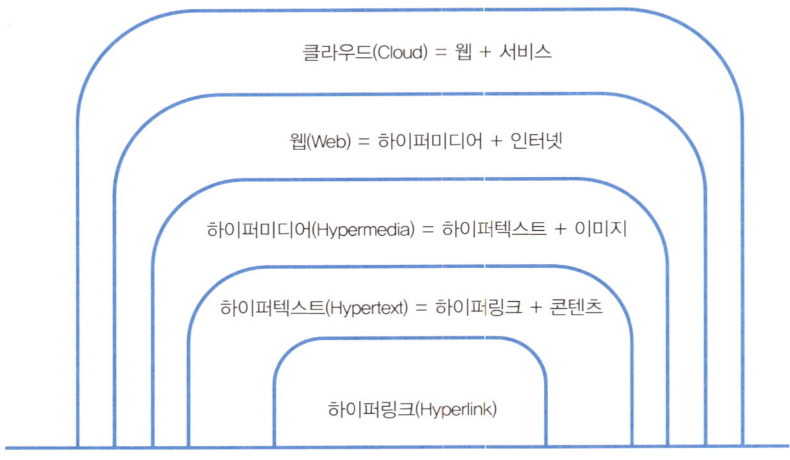


● 출처 : 《미래를 향한 인간의 경주》, 대니얼 버랜트, 2015

링크와 콘텐츠를 합친 개념으로서, '하이퍼텍스트 Hypertext'라는 용어를 처음으로 사용했다. 이후 하이퍼텍스트에 이미지를 더한 개념인 '하이퍼미디어 Hypermedia'가 탄생했으며, 1994년에 탄생한 '웹 web'은 하이퍼미디어에 인터넷을 융합한 결과물이다. 그리고 이 웹에 서비스를 합친 개념이 바로 지금의 클라우드이다.

1999년에 클라우드를 기반으로 CRM사업을 시작한 세일즈포스닷컴은 마케팅 테크놀로지 세계에서 클라우드 비즈니스로 크게 성공한 기업 중 하나가 되었다. 세일즈포스닷컴의 창업자이자 CEO인 마크 베니오프 Marc Benioff는 원래 오라클 Oracle의 창립자 래리 앨리슨 Larry Ellison 밑에서 고위 영업임원을 하던 사람이었다. 베니오프가 CRM사업을 시작할 무렵에는 '시블Siebel'이라는 솔루션이 전 세계 CRM시장을 휩쓸다시피 하고 있었다. 하지만 당시 시블 솔루션은 오직 고객사의 시스템환경에서 개발되었고, 시스템을 구축하는 시간도 꽤 오래걸렸다. 베니오프는 시블 솔루션에서 이러한 약점을 파악하고, '만일 고객이 온라인상에서 쉽게 시스템에 접속해 바로 쓸 수 있도록 하고, 이 소프트웨어를 매달 돈을 받고 빌려준다면 어떻게 될까?' 하는 발상을 통해 클라우드 서비스를 시작하게 되었다. 즉, 레드오션에서 블루오션을 발견한 셈이다.

베니오프는 사람들에게 익숙하지 않은 클라우드의 개념을 쉽게 이해시키기 위해 오늘날 디지털 마케팅분야에서 널리 활용되고 있는 스토리텔링기법과 콘텐츠 마케팅기법을 활용했다. 즉, 고객에게 직접적으로 제품의 기능을 홍보하기 보다는 브랜드를 알리기 위한 우회적인 전략을 선택한 것이다. 그는 사람들을 동원해 '우리는 소프트웨어기업이 아닙니다'라는 글이 적힌 피켓을 샌프란시스코의 중심거리와 오라클의 광고판 앞에서 들고 다니게 했다. 이것은 그가 만든 소프트웨어의 장단점을 떠나서 매우 놀라운 접근방법이었다. 지금으로 치면 마치 테슬라Tesla의 CEO 일론 머스크Elon Musk가 GM의 고객들에게 '우리는 굴뚝공장 시대의 자동차를 만들지 않아요. 우리가 만드는 자동차는 소프트웨어입니다'라고 외치고 다니는 상황과 비슷하다고 볼 수 있다. 이후 세일즈포스닷컴은 승승장구를 거듭하며 결국 CRM시장의 마켓 리더 자리에 올라서게 되었다.

오라클이나 SAP 등 경쟁기업들도 세일즈포스닷컴의 성공을 바라

보면서 재빨리 클라우드 기반의 소프트웨어를 제공하기 시작했다. 이러한 기업들의 움직임은 CRM을 비롯한 대부분의 소프트웨어산업을 클라우드 체제로 바꾸는 데 많은 영향을 미쳤다. 특히 최근에는 클라우드를 기반으로 한 혁신적인 비즈니스 모델을 내세워 산업 생태계 자체를 바꿔버리는 사례가 늘고 있다. 그 대표적인 기업으로 클라우드 기반의 인사관리 솔루션을 내놓음으로써 인사관리 영역의 산업 생태계를 흔들어놓고 있는 제네핏<sup>Zenefits</sup>을 들 수 있다. 이 기업의 고객사들은 매달 돈을 지불하고, 인사관리 프로세스의 상당 부분을 자동화한 이 기업의 솔루션을 이용해 직원연금, 세금, 스톡옵션, 퇴직관리 등 반복적으로 발생하는 매뉴얼적인 업무들을 해결하고 있다. 20명으로 시작한 이 기업은 이러한 획기적인 솔루션을 기반으로 역사상 가장 빨리 성장하는 SaaS<sup>Soft as a Service</sup>기업이 되었다.

클라우드 서비스가 처음 시장에 등장했을 때 기업들은 클라우드에 대한 일종의 두려움을 갖고 있었다. 누군가 클라우드에 올린 자사의 데이터를 유출할지도 모른다는 생각과, 화재 등 재난이 일어났을 때 통제불능 상태가 될지도 모른다는 두려움을 느꼈기 때문이다. 그러나 지금까지의 결과를 놓고 보면 클라우드기업의 보안망이 여타의 일반 기업들 보안망보다 더 강하다는 인식을 주고 있다. 클라우드기업은 자신들이 살아남기 위해서라도 보안문제에 역량을 집중해야 한다는 사실을 알고 있었다.

디지털 혁명으로 인해 데이터의 양이 폭발적으로 늘어나고, 글로벌라이제이션이 확대되는 상황에서 기업들은 전 세계 고객을 상대로 빠르고 효율적인 서비스를 제공하기 위해서는 클라우드가 필수일 수밖에 없다고 생각했다. 또한 스마트폰의 빠른 보급은 이러한 트렌드에 화약을 붓는 역할을 해주었다. 이러한 트렌드에 맞춰 도요타, HP, 시스코, GE 등의 선진기업들이 발빠르게 클라우드 기반의 IT망을 구축했다. 이밖에도 클라우드시장은 소셜 미디어, 모바일 쇼핑, 게임산업의 성장에 힘입어 더욱 규모를 키워나갔다. 이제는 우리가 스마트폰으로 찍은 사진이 즉시 클라우드 서버에 저장되고, SNS 등에서 나눈 대화 역시 모두 클라우드 서버에 저장된다. 현재 전 세계를 상대로 비즈니스를 영위하는 기업들은 세계 모든 고객들에게 동일한 수준의 웹콘텐츠를 제공하기 위해 클라우드 서비스를 이용하고 있다. 이로 인해 오늘날 많은 테크놀로지 개발기업들이 소셜 마케팅영역, 마케팅 자동화영역, 마케팅 콘텐츠 관리영역, 마케팅 분석영역에서 보다 효율적인 클라우드 기반 서비스를 제공하기 위해 경쟁하고 있으며, 그 영역을 프로그래매틱 광고시장을 포함한 클라우드 기반 광고거래 플랫폼영역까지 확장해나가고 있다.

이와 관련해 미국의 마케팅 테크놀로지 컨설턴트인 존 엘리어트 John Elliot는 〈포브스〉의 기고글을 통해, 프린팅시대를 마케팅 1.0, 라디오와 TV시대를 마케팅 2.0, PC와 인터넷시대를 마케팅 3.0, 모바일과 소셜 미디어시대를 마케팅 4.0, 그리고 마케팅 클라우드시대를 마케팅 5.0시대라고 지칭하기도 했다.

# 클라우드 시스템이 마케팅영역에 미치는 효과

마케터 입장에서는 마케팅 클라우드의 생태계나 관련 시스템의 발전이 자신들과는 크게 관계가 없다고 생각될 수 있다. 어떤 시스템이 개발되든 자신들이 마케팅 콘텐츠를 만드는 일이나 그것을 타깃고객들에게 보내는 일에는 큰 차이가 생기지 않는다고 생각하기 때문이다. 그러나 필자의 경험으로 판단했을 때 클라우드는 마케터들에게 다음과 같이 3가지 측면에서 도움을 줄 수 있다.

첫째, 클라우드 시스템을 활용하면 마케터들이 사용하는 마케팅 테크놀로지 시스템의 새로운 기능 등을 쉽게 업그레이드할 수 있다. 단순하게 생각하면 마케터 입장에서 시스템 업그레이드가 필요할 경우 새로 로그인만 하면 되기 때문이다. 둘째, 글로벌 비즈니스를 하는 기업에서 클라우드 플랫폼을 사용할 경우 각 지역에 있는 직원들이 인터넷 접속이 가능한 곳이라면 언제 어디서든 시스템을 이용할 수 있도록 할 수 있다. 셋째, 시스템 간 연결을 돕는 클라우드 API Application Programming Interface를 이용해 다른 시스템 또는 마케팅 테크놀로지와 접목하면 플랫폼의 영역을 확장할 수 있다. 이러한 API의 기능은 하나의 플랫폼으로 나날이 변화하는 시장환경에 일일이 대응할 수 없다는 한계를 보완해준다.

다만 실제로 기업에 클라우드 기반의 마케팅 솔루션을 도입할 때는 현재 사용되고 있는 솔루션들이 제각각 다른 특성을 가지고 있다는 점을 반드시 고려해야 한다. 즉, 사전에 각 솔루션의 특징을 세밀히 분석해보고 자사의 비즈니스 모델이나 고객의 특징에 적합한 솔루션을 선택해야 한다는 것이다. 또한 앞서 언급했듯이 이러한 솔루션을 사용하든 안 하든 마케터들이 마케팅 콘텐츠를 만드는 데는 큰 차이가 없을지 몰라도, 그러한 솔루션에 의해 고객 세그먼트를 만들어서 고객행동을 분석하고 그에 따라 대응하는 능력에서는 큰 차이가 생긴다는 것만은 분명하다. 그리고 크게 보면 이것이 결국 마케팅 결과의 차이를 만들어낸다.

끝으로 강조하고 싶은 것은, 과거 CRM이 처음 시장에 등장했을 때와 마찬가지로 실제로 기업에 클라우드 솔루션을 도입하느냐에 관계없이 그러한 솔루션을 개발하는 기업들이 소개하는 마케팅기법이나 기술 등은 마케터의 개인 역량을 키우는 데 많은 도움이 된다는 사실이다.


## 미래의 마케팅 클라우드


그렇다면 미래의 마케팅 클라우드 테크놀로지는 어떻게 진화할까? 가장 가까운 미래에 가능한 시나리오로는 마케팅 클라우드 테크놀로지와 사물 인터넷과의 융합을 꼽을 수 있다. 지금까지 기업의 CRM 데이터와 웹에서 만들어지는 고객의 방대한 흔적들을 다루던 클라우드가, 이제 사물의 센서를 통해 발생하는 더욱 방대한 데이터를 포함해 마케팅 서비스를 하게 될 것이다. 즉, CRM 웹 시스템과 사물 인터넷을 통해 발생하는 모든 데이터가 융합되어 클라우드 기반 위에서 운영될 것으로 예측된다.

앞으로는 고객들이 디지털 사이니지와 마주보며 대화하는 음성정보, 손동작 등의 모션정보, 스크린을 터치하는 감응정보, 고객들의 모습을 담은 이미지정보, 고객의 위치를 알려주는 지리적 정보 등이 기업의 데이터 베이스로 빨려 들어와 기존에 기업이 가진 고객정보와 융합되고, 이렇게 융합된 데이터들이 다시 빛의 속도로 고객에게 맞춤 서비스를 제공하는 데 활용될 것이다. 예를 들면 고객이 자판기 앞에 서면 센서가 고객을 인식하고 상황에 맞는 인사를 하며, 제품을 추천하고 구매를 유도하는 프로세스가 센서와 연결된 시스템을 타고 순식간에 일어나게 된다. 즉, 컴퓨터가 고객정보에 대한 해석과 판단을 순간적으로 내리게 된다는 것이다. 이러한 프로세스가 끊김 없이 일어나게 하려면 클라우드 인프라를 기반으로 시스템을 유연하게 통합해야 한다는 관점에서, 향후 클라우드가 더욱 중요한 역할을 하게 될 것으로 보인다. 특히 전 세계를 대상으로 이러한 유형의 사업을 서비스하는 비즈니스 모델의 경우 더욱 클라우드의 중요성이 커질 수밖에 없다. 실제로 글로벌 시장을 겨냥하는 상업용 마케팅 소프트웨어들의 다음 관심은 클라우드를 기반으로 한 사물 인터넷과의 연결에 쏠려 있다.

이처럼 클라우드와 마케팅 테크놀로지의 융합이 지속될 경우 가까운 미래에 클라우드가 자연스럽게 마케팅 시스템의 한 부분으로 인식될 가능성이 크다.

# 분석을 넘어
# 미래 예측의 세계로

이제 미래 마케팅의 마지막 키워드인 '예측'의 세계로 들어가보자. 1부에서 언급했듯이 글로벌 마케팅 테크놀로지시장에서 투자가 가장 많이 이루어지는 분야가 바로 분석영역이다. 이것은 그만큼 마케팅활동과 결과에 대한 기업들의 분석니즈가 크다는 사실을 반증한다. 기업 입장에서는 고객이 자사의 제품을 구매하는 이유에서부터 구매하지 않는 이유, 구매하러 왔다가 이탈한 이유, 구매한 고객이 제품에 대한 불만을 갖는 이유 등 모든 고객행위를 분석해보기를 원한다. 이처럼 넓은 범위에서의 분석니즈가 자연스럽게 그러한 분석과 관련된 테크놀로지의 발전을 불러온 것이다.

한편, 분석 테크놀로지 자체의 혁신적인 기능이 그러한 테크놀로지를 활용해보고자 하는 기업들의 니즈를 이끌기도 했다. 방대한 데이터를 과거와 비교할 수 없이 빠른 속도로 분석해주는 빅데이터 인메모리In Memory 기술이나, 비주얼적인 기능을 융합해 데이터 분석결과를 이해하기 쉽고 아름다운 이미지로 표현해주는 데이터 비주얼라이제이션 솔루션 등이 그 대표적인 사례들이다. 물론 이러한 테크놀로지 역시 기업들의 분석니즈를 혁신적으로 해결해줄 수 있어야만 받아들여졌다.

이처럼 몇 가지 요인들로 인해 선순환의 사이클을 타면서 진화를 거듭해온 분석 테크놀로지가 이제 사물 인터넷환경과 인공지능과의 융합을 통해 그 진화의 관점을 '예측'의 세계로 옮겨가고 있다.

## 분석 테크놀로지의 역사

예측 테크놀로지의 트렌드를 알아보기 위해서는 먼저 그 시작점이 되는 분석 테크놀로지의 역사를 추적해볼 필요가 있다. 이와 관련해 다음 내용을 보면 분석 테크놀로지의 역사는 컴퓨터 시스템의 역사와 밀접한 관계가 있음을 알 수 있다.

- **1930~1940년대 : 분석 테크놀로지의 태동기**

컴퓨터의 태동기와 일치하는 이 시기에는 주로 군대에서 분석도구와 기법이 발전했다. 2차 대전 당시에는 수학천재로 불리는 엘런 튜링Alan Turing이 독일군의 암호기계인 '에니그마Enigma'를 분석해낸 일로 유명해지기도 했다. 미국에서는 핵융합 연쇄반응을 분석하는 맨해턴 프로젝트에 컴퓨터가 동원되기도 했다.

- **1950~1960년대 : 분석 시스템의 상업화 시기**

이 시기에는 날씨를 예측하는 애니악ENIAC 시스템이 도입되고, 비행기 항로의 최단거리를 분석하는 시스템이 개발되는 등 분석 시스템이 상업적으로 활용되기 시작했다.

- **1970~1990년대 : 분석 모델링의 발전기**

이 시기부터 본격적으로 분석 모델링을 통해 의사결정을 하는 분석 시스템이 상용화되기 시작했다. 1992년에는 금융분야에 신용카드 위조를 막기 위한 실시간 분석 시스템이 도입되었으며, 1995년에는 아마존과 이베이가 개인화 서비스를 시작함에 따라 인터넷에서의 고객 행동에 대한 분석이 중요한 의미를 갖기 시작했다. 1998년에는 미국 메이저리그 오클랜드 애슬레틱스 구단의 빌리 빈Billy Beane 단장의 머니볼Moneyball 예측기법이 스포츠 산업분야에 데이터 기반의 예측분석 방법이 도입되는 계기를 만들어주었다. 또한 컴퓨터의 활용도가 늘어나면서 마케팅 분석기법 역시 본격적으로 성장하기 시작했다.

인터넷 인구가 크게 늘고 디지털 미디어를 통해 엄청난 양의 데이터가 쏟아져나오기 시작하면서 분석 솔루션시장이 새로운 성장의 계기를 맞게 되었다. 실제로 2000~2012년 사이에 전 세계 분석 솔루션시장 규모가 110억 달러에서 350억 달러까지 성장했다. 블로그 및 소셜 미디어의 성장과 함께 비정형 데이터 분석모델과 솔루션이 발전했으며, 인터넷에서의 고객 간 대화와 검색흔적을 뒤져서 트렌드를 파악해주는 텍스트 마이닝 Text Mining 기술이 등장했다. 또한 소셜 데이터를 분석해주는 소셜 애널리틱스 솔루션이 등장했으며, 2010년 이후에는 이러한 소셜분석이 제대로 각광받기 시작했다. 컴퓨터가 텍스트들의 공통점을 분석해 인간의 언어를 이해할 수 있게 됨에 따라 비정형 데이터로 가득찬 소셜 미디어 내에서 빅데이터분석이 큰 의미를 갖게 되기도 했다.




빅데이터, 클라우드, 모바일, 사물 인터넷 등이 시장의 주류로 떠오름에 따라 분석 테크놀로지가 급격히 진화하고, 관련 시장 역시 폭발적으로 성장하게 되었다. 대표적으로 빅데이터분석, 클라우드 기반의 분석 솔루션, 모바일 리포팅 솔루션 관련 테크놀로지와 시장이 크게 성장했으며, 특히 마케팅영역에서 가장 큰 수요를 만들어내고 있다.


다음 그림을 보면 위와 같이 분석 테크놀로지가 진화해온 모습을

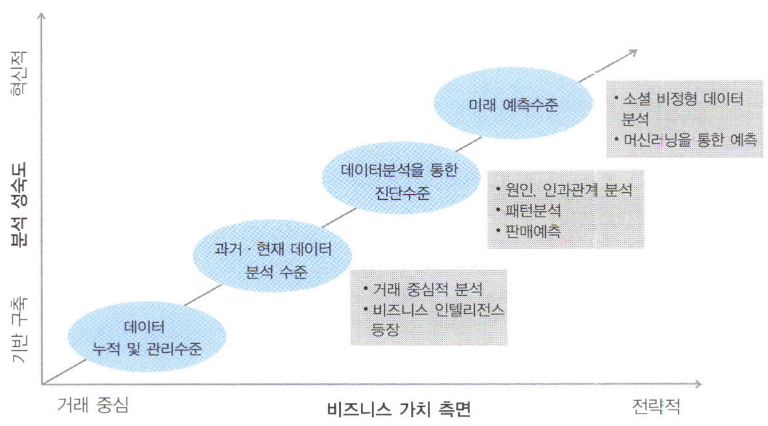



혁신성과 비즈니스 가치라는 2가지 축을 중심으로 기해할 수 있다. 즉, 이 2가지 축을 중심으로 초기에는 순수히 데이터 관리수준에서 출발한 분석 테크놀로지가 데이터 분석수준과 데이터 분석을 통한 진단수준을 거쳐 데이터를 통해 미래를 예측하는 수준으로 진화해왔다.

분석에 대한 시점도 과거와 현재에 대한 거래 중심의 분석에서 점점 현상에 대한 인과관계 분석으로 진화했다. 즉, '그건 왜 그런가' '둘의 상관관계는 무엇인가' 등의 질문에 대한 답을 찾게 된 것이다.

2000년 이후의 디지털 혁명기를 거치면서, 온라인에서의 소비자행동에 대한 분석요구가 많아졌다. 이러한 소비자행동 분석을 통해 그 패턴을 파악하면 마케팅을 위한 세그먼트를 만들 수 있었기 때문에, 이를 통해 행동 기반 타깃 마케팅의 기초를 구축할 수 있었다. 또 마케팅 채널이 크게 늘어남에 따라 마케팅부서에서는 온라인 채널분석, 모바일분석, 소셜 미디어분석 등 새로운 미디어에 대한 분석지표들이 필요해졌다. 특히 고객경험의 범위가 오프라인뿐만 아니라 온라인 사이트, 모바일 앱, 소셜 미디어 등으로 확장됨에 따라 분석 프레임 역시 온라인과 오프라인에서 이루어지는 모든 고객경험을 측정하고 분석할 수 있도록 갖춰져 있어야했다. 특히 이것은 통합 마케팅 커뮤니케이션Integrated Marketing Communication 관점에서 매우 중요한 의미가 있었다. 현재 분석 솔루션기업들은 이러한 시장의 니즈를 만족시킬 수 있는 솔루션을 제공하기 위해 치열한 경쟁을 벌이고 있다.

한편, 마케팅 채널이 급격하게 늘어나고, 비정형 데이터가 폭발적으로 쌓이자 데이터 과학자들이 비정형 데이터를 분석해낼 수 있게 되었다. 소셜 비정형 데이터분석이 가능해진 것이다. 이에 따라 관련 테크놀로지도 매우 빠르게 성장했다. 반면 이로 인해 전통적인 시장조사 방식을 이용한 마케팅시장 분석수요는 크게 감소하게 되었다.

현재는 분석 테크놀로지가 머신러닝 테크놀로지와 융합하면서 그 범위가 예측의 세계로 확장되고 있다. 이것은 분석 테크놀로지가 더욱 혁신적이고 전략적인 가치를 갖게 되었음을 의미한다. 이러한 변화는 당연히 마케팅 분석 테크놀로지시장을 더욱 크게 성장시킬 것이다.

POEM방식은 다양한 디지털 미디어를 이해하고 분석하는 방법론 중 하나이다. POEM이란 'Paid, Owned, Earned Media'의 약자로 지불[Paid] 미디어는 네이버 검색광고와 같이 광고주가 직접 돈을 지불하는 미디어, 소유[Owned] 미디어는 홈페지나 블로그와 같이 광고주가 소유하고 있는 미디어, 그리고 획득한[Earned] 미디어는 이러한 두 미디어로 인해서 부가적으로 얻은 미디어, 즉 소비자의 추천이나 '좋아요'와 같은 것을 의미한다. 특히 획득한 미디어는 소비자들의 피드백이나 의견이 다른 잠재고객의 구매동인에 많은 영향을 준다는 측면에서 매우 중요한 의미를 갖게 되었다. 이러한 미디어의 간단한 분석지표는 아래와 같다.

- 지불한 미디어 : CTR[Click Through Rate](클릭율), CPM[Cost Per Miles](1,000회 노출될 때마다 지불), Conversion Rate(전환율) 등
- 소유한 미디어 : 페이지 방문자 수, 페이지 방문시간 등
- 획득한 미디어 : 추천자 수, 댓글 수, 긍정적 의견비율 등

## 비즈니스 인텔리전스와 비즈니스 애널리틱스

최근 분석 테크놀로지가 발전하고 관련 시장의 수요가 늘어나자 분석 소프트웨어를 공급하는 기업들에게서 다소 혼란스러운 용

어들이 양산되었다. 그 대표적인 것이 '비즈니스 인텔리전스<sup>Business Intelligence</sup>와 비즈니스 애널리틱스<sup>Business Analytics</sup>'이다. 이 두 개념은 데이터의 수집·가공·분석을 통해서 경영 의사결정자들을 위해 의사결정에 유용한 정보를 제공하는 하나의 분석스킬이자 시스템을 의미한다. 즉, 통계학적 분석방법을 통해 과거의 정보를 분석하고 의미를 찾아내는 것이다. 전통적으로 이러한 시스템은 주로 IT부서에서 도입했으며, 통계분석 전문가들이 데이터분석을 전담하는 경우가 많았다. 그러나 웹분석, 모바일분석, 소셜 미디어분석 등 다양한 마케팅 데이터분석에 대한 수요가 많아지고, 분석 소프트웨어가 다루기 쉬워지면서, 마케터들이 직접 분석방법을 배우고 분석 소프트웨어를 다루는 사례가 많아지고 있다. 이러한 이유로 비즈니스 인텔리전스나 비즈니스 애널리틱스라는 용어가 마케터들의 귀에 자주 들리게 된 것이다.

그러나 다소 아쉬운 것은 이 두 개념의 정의가 분명치 않아 마케터들에게 혼란을 줄 수도 있다는 점이다. 현재 전문가들 사이에서도 개념정의에 대한 이견이 있을 뿐 아니라, 소프트웨어 개발기업들도 이것을 제각각 다른 용어로 지칭하고 있기 때문이다.

그나마 이 용어들을 쉽게 구분해주는 차이는 비즈니스 인텔리전스는 '과거와 현재'에 대한 분석비중이 많고, 비즈니스 애널리틱스는 '미래'에 대한 분석비중이 높다는 것과, 비즈니스 인텔리전스는 쿼리, 리포팅, OLAP<sup>Online Analytical Processing</sup> 등으로 성과를 측정하는 툴에 가깝다는 정도이다. 이에 따라 분석에 필요한 질문의 접근방식에서도 차이가 난다. 즉, 비즈니스 인텔리전스 측면에서의 질문은 '(분석대상 중) 몇 개나 그렇지?’, ‘언제부터 그렇지?’ 등 팩트를 찾아내는 쪽에 가까우며, 비즈니스 애널리틱스 측면에서의 질문은 ‘왜 그렇지?’, ‘이런 패턴이면 앞으로 어떻게 될까?’, ‘가능한 다음 시나리오는 뭘까?’ 등 미래 예측을 위한 근거를 찾아내는 쪽에 가깝다.

다만 앞서 언급했듯이 분석 솔루션을 제공하는 기업에 따라 이 2가지 용어의 개념을 해석하는 나름의 기준이 있기 때문에, 이를 감안해 이해할 필요가 있다.

## 실시간 분석의 시대

실시간 분석이라는 개념은 인터넷이 도입된 초기에 컨설팅기업이나 분석 솔루션을 제공하는 기업들이 고객사들을 현혹하기 위해 많이 사용되고는 했다. 당시 그러한 측면에서 많이 사용되었던 용어들이 바로 ‘실시간 고객추적’, ‘실시간 캠페인 오퍼링’, ‘실시간 평가’, ‘실시간 실적파악’ 등이다. 하지만 소셜 미디어시대 이전에는 기술적으로 실시간 분석이 불가능한 경우가 많았고, 또한 분석 솔루션을 도입하는 기업 입장에서도 실시간 분석보다는 과거 실적에 대한 분석니즈가 많았다. 결국 당시에 등장한, 실시간 분석을 통해 시장에 대응하는 기업이라는 의미를 가진 RTE Real Time Enterprise라는 용어는 허구에 가까웠던 셈이다. 또한 이처럼 실시간 분석의 한계가 명확해지자, 실시간 분석에 가깝게 분석한다는 의미의 ‘니어 리얼타임 애널리틱스

Near Real Time Analytics'라는 용어가 등장하기도 했다.

그러다 새로운 디지털 미디어들이 등장하고 인공지능 테크놀로지가 진화하자 실시간 분석이라는 개념이 다시 무대 위로 올라왔다. 일단 소셜 미디어와 모바일기기가 보편화되자 기업 입장에서 실시간 분석이 필요한 데이터들이 많아졌다. 예를 들면 실시간 소비자 서핑 상황, 실시간 소비자 댓글현황 등이 그것이다. 그럼에도 불구하고 사람이 일일이 이러한 데이터들을 실시간으로 모니터링하고 대응하는 것은 여간 피곤한 일이 아니었다. 더구나 그 중에서 여전히 실시간 분석이 필요하지 않은 데이터들도 많았다.

그러나 컴퓨터가 이러한 데이터들을 분석하고 판단해서 마케팅을 실행하고, 그 결과를 다시 분석하는 솔루션들이 등장함에 따라 이러한 어려움이 해소되었다. 고객들이 기업의 웹사이트에 접근해서 일정한 서핑패턴을 보이면, 컴퓨터는 유사패턴을 보인 기존 고객들의 정보를 찾아 이 유형과의 동일성을 판단해서 고객이 서핑하는 페이지에 마케팅 캠페인 메시지를 띄우거나 배너의 글을 바꾸기도 하고, 고객에게 유용한 정보를 줄 테니 이메일 주소와 기본 정보를 입력해달라는 메시지를 띄우기도 한다. 앞으로는 이처럼 컴퓨터가 고객들의 모든 반응정보를 분석대상으로 활용하거나, 직접 구매 프로세스에 개입하는 비율이 점점 많아질 것으로 보인다.

## 단순 분석에서 미래 예측으로

머신러닝이 마케팅 분석분야에서 점점 가시적인 결과를 내놓음에 따라 단순 분석을 넘어 미래 예측이 가능한 예측분석 Predictive Analytics 테크놀로지가 발전하고 있다. 예측분석이란 데이터의 패턴을 분석해 다음 패턴을 예측하는 기법을 의미한다. 예측분석은 데이터 마이닝과 인공지능의 한 부분인 머신러닝 테크놀로지가 융합된 분석방법으로, 특히 마케팅 측면에서 소비자 행동예측을 가능하게 해준다는 점이 부각되고 있다.

마케팅 측면에서의 예측분석은 어떤 고객이 제품을 구매할 확률이 높은지, 또는 어떤 고객이 구매를 하지 않고 이탈할 가능성이 높은지 등 미래에 예상되는 고객행동 가능성에 대해 점수를 매기는 식으로 진행된다. 이러한 분석모델과 그 알고리즘을 구현할 수 있는 테크놀로지가 발전할수록 컴퓨터 스스로 온라인에서의 고객행동을 예측하고 그에 따라 효과적으로 대응하는 기능이 향상된다. 예를 들면 대용량 이메일 마케팅을 할 때 어떤 고객 세그먼트에서 더 적극적으로 반응할지, 또 어떤 이메일이 비즈니스 관점에서 쓸모 없는 정보인지를 더 정확하게 분간해낼 수 있게 되는 것이다.

한편, 이러한 예측분석 솔루션은 B2B 마케팅에도 도움이 될 수 있다. 지금까지는 B2B기업의 마케팅부서에서 마케팅 캠페인에 반응하는 고객정보, 즉 마케팅 리드를 평가할 때 규칙 기반의 점수제도인 RBS Rule Based Scoring를 활용했다. 즉, 마케터가 판단한 고객특성을 토대로 고객에 대한 점수를 매기고, 일정 점수가 넘어가는 고객정보를 영업부서에 넘겨주었다. 그런데 이러한 방식은 마케터가 고객특성을 제대로 파악하지 못했을 경우 점수의 신뢰도가 떨어지는 한계가 있을 수밖에 없다. 이때 머신러닝을 활용한 예측분석 솔루션을 활용하면 컴퓨터가 방대한 고객반응 데이터를 기반으로 한 알고리즘을 토대로 고객에 대한 점수를 매기기 때문에 이러한 오류를 방지할 수 있다. 또한 이러한 정보가 실제 구매로 이어졌는지에 대한 정보 역시 다시 알고리즘의 정확성을 높이는 데 활용된다.

이처럼 미래의 분석 테크놀로지는 점점 더 예측에 초점이 맞춰질 것이다. 이로 인해 예측 정확도가 높아지면 이것을 활용하는 기업 입장에서 과학적이고 정확도 높은 마케팅활동이 가능해질 뿐 아니라, 마케팅 ROI까지 미리 예측하는 효과를 얻을 수 있다. 또한 고객들에게 보다 관련성 높은 콘텐츠를 보낼 수 있게 된다는 점에서 기업의 신뢰도를 높이는 데도 큰 도움이 된다. 이로 인해 현재 분석 테크놀로지의 관심이 점점 미래 예측으로 옮겨가고 있다.

데이터, 플랫폼, 테크놀로지

# 마케팅
## 미래 지도를 바꾸다

# Part 3

# 테크놀로지가 변화시키는 마케팅의 미래

MARKETING REVOLUTION

"마케팅의 미래는 두 그룹,
테크니션과 마술사의 것이다."

_ 마틴 소렐(Martin Sorrell) 경, WPP그룹 CEO

# 테크놀로지는
# 마케터의 자리를 없앨 것인가

오늘날 모든 것이 디지털화되어가고, 시스템이 자동화되며, 인공지능이 마케팅에 융합되어감에 따라 마케팅분야에 종사하는 사람들이 이런 걱정을 하게 되었다.

'미래의 마케터들은 무슨 일을 하게 될까?'

'앞으로도 지금 우리가 하는 일을 그대로 할 수 있을까? 아니 우리의 자리가 남아 있기는 한 것일까?'

'마케팅조직은 어떤 모습으로 변화될까?'

이러한 걱정처럼 과거 수작업으로 이루어졌던 마케팅 리서치, 마케팅 실행, 마케팅 분석작업 등이 이미 테크놀로지의 영향을 받고 있으며, 마케팅 소프트웨어는 점점 정교함을 더해가며 빠른 처리속도와 높은 자동화수준을 보이고 있다. 과거 많은 마케팅 실무자들이 들러붙어서 했던 일들이 소프트웨어와 데이터에 익숙한 소수의 사람들에 의해 간단히 해결될 날도 멀지 않아 보인다. 또한 마케팅 자동화 테크놀로지의 진화로 인해 컴퓨터가 직접 고객과의 대화에 개입하는 빈도가 늘어남에 따라 마케터들이 해야 할 일이 점점 줄어들 것으로 보인다.

이러한 테크놀로지의 진화에 발맞춰 마케터나 마케팅조직도 이와 관련한 전문지식을 갖춰나가야 하지만, 이 또한 현실적으로 쉽지는 않아 보인다. 일단은 테크놀로지의 진화속도가 마케터들의 학습속도보다 훨씬 빠르다. 게다가 기업의 경영진은 마케터들을 마케팅 테크놀로지 전문가로 육성시키기 보다는 테크놀로지에 익숙한 데이터 전문가나 소프트웨어 엔지니어, 또는 관련 분야의 경력자들을 영입하는 경향을 보이고 있다. 이런 상황에서 마케터들이 과연 생존을 위해 소프트웨어 관련 지식과 컴퓨터 프로그래밍을 배워야 하는 것일까?

## 마케팅 생태계의 혼란, 공포, 걱정

마케팅 테크놀로지의 발전은 마케팅 전체 생태계에도 큰 변화를 불러왔다. 굴뚝산업 시대에는 마케팅 생태계가 크게 '소비자, 판매자,

마케팅 대행사'로 이루어졌다. 이때는 마케팅부서에서 할 일이 매우 많았으며, 많은 일들이 마케팅 대행사로 넘어가기도 했다. 마케팅 대행사들은 주로 시장조사, 광고, 전시회 등의 업무를 지원하거나 캠페인을 대행하는 역할을 맡았다.

인터넷이 주요 마케팅수단으로 등장한 이후에는 마케팅 대행사들이 자연스럽게 온라인 마케팅을 대행하는 사례가 늘었고, 온라인 마케팅을 전담하는 에이전시가 범람하기도 했다.

그러나 기업의 마케팅부서에서 마케팅 소프트웨어를 이용해 고객과 직접 커뮤니케이션할 수 있게 되자 상황이 조금 복잡해졌다. 기업 마케터들과 마케팅 대행사가 해야 할 일의 경계가 모호해진 것이다. 이에 따라 마케팅 대행사들은 데이터분석 전문 서비스기업들뿐만 아니라 고객사를 대신해서 마케팅 소프트웨어를 운영하며 마케팅 캠페인을 대행하는 에이전시들과도 경쟁해야 하는 입장에 놓이게 되었다.

또한 마케팅 리서치 대행사나 광고 크리에이티브 대행사 역시 과거 직접적인 경쟁대상이 아니었던 데이터분석 에이전시나 디지털 콘텐츠 서비스 에이전시와의 경쟁을 준비해야 했다. 이로 인해 기존의 광고 크리에이티브 에이전시들이 자체적으로 마케팅 소프트웨어를 개발하거나 마케팅 테크놀로지기업과 손잡고 마케팅 서비스를 대행하는 사례가 늘어났다.

이러한 상황은 기업의 마케팅조직과 마케터들에게도 똑같은 위기감으로 다가오고 있다. 즉, 디지털 혁신으로 인한 변화에 제대로 대응하지 못하면 이제는 마케팅 생태계 안에 있는 어느 누구도 생존을 장담할 수 없게 된 것이다. 특히 기업이 전통적인 마케팅지식에 의존하는 경향이 강할수록 시장의 요구와는 간극이 점점 커질 수밖에 없다.

## 미래의 마케팅은 마케터의 자리를 없앨 것인가

미래 마케팅 테크놀로지의 발전은 정말 마케터의 일자리를 없애버릴 것인가? 역사적으로 노동시장의 고용률은 노동생산성에 가장 큰 영향을 받았다. 노동생산성은 사람이 하는 일을 대체하는 노동요소, 즉 시스템, 프로세스, 로봇 등에 의해 높일 수 있는 반면, 이로 인해 해당 직군에서 사람이 하던 일이 통째로 사라질 수도 있다. 그러나 기업의 경영자들은 생산성을 중시한다는 점을 감안하면, 결국 자동화와 시스템화로 대표되는 마케팅 테크놀로지의 발전은 단순한 프로세스로 진행되는 일자리를 점점 줄어들게 만들 것이다. 현재 구글 트랜스의 번역수준은 계속해서 진화하고 있으며, 로봇이 쓰는 기사의 품질도 점점 높아져서 이제는 인간이 썼는지 로봇이 썼는지 분간하기 어려울 지경이 되었다. 아마존의 제프 베조스가 기울어가는 〈월스트리트저널〉을 사들인 후 가장 먼저 한 일 역시 디지털 미디어 전문가와 컴퓨터 엔지니어들을 보강한 것이었다.

이러한 현실은 마케팅 생태계 내에 있는 사람들에게 결코 즐거운 소식이 될 수 없다. 옥스퍼드대학의 칼 프레이Carl Frey와 마이클 오스본Michael Osborne 박사는 702개 직업을 대상으로 세상이 컴퓨터에 의해 자동화될수록 어떤 직업이 가장 크게 혹은 가장 적게 영향을 받을 지를 조사해보았다. 이들은 영향도에 따라 각각 0에서 1까지 점수를 매겼으며, 1에 가까울수록 직업이 사라질 위험이 큰 것으로 판단했다.

조사결과 가장 영향을 적게 받을 직업은 0.0028의 점수를 받은 레크레이션 테라피스트로 나타났으며, 0.013의 점수를 받은 영업 매니저도 59위로 비교적 영향을 적게 받는 순위를 기록했다. 이것은 미래에도 소비자들이 인간의 손길과 목소리, 감성 등을 원하기 대문에 이들의 일이 로봇으로 대체될 가능성은 지극히 낮다는 사실을 의미한다. 반면에 컴퓨터가 개입할 여지가 많은 직업의 상황은 달랐다. 그래픽 디자이너가 0.082로 161위를, 광고 영업 에이전트가 0.54로 312위를, 시장조사 분석가가 0.61로 337위를 기록했으며, 비운의 1위는 0.99의 점수를 받는 텔레마케터로 나타났다.

텔레마케터의 경우 디지털 테크놀로지와 디지털 마케팅이 확산되면서 고객이 디지털 디바이스를 통해 쉽게 정보를 찾고 계약을 맺게 됨에 따라 입지가 줄어들 것으로 예상되었으며, 시장조사 분석가의 경우 빅데이터 분석가나 디지털 솔루션들이 그들의 영역을 뺏을 것으로 예상되었다. 또한 그래픽 디자이너 역시 자동화 솔루션과 인공지능에 영향을 받을 것으로 예상되었으며, 광고영업 에이전시의 경우 프로그래매틱 광고와 같은 실시간 광고거래 시스템에 영향을 받을 것으로 예상되었다.

이처럼 마케팅 자동화가 마케팅 생태계 내에 있는 여러 직군에 위협적인 존재가 되는 시대가 조금씩 다가오고 있다. 세계적으로 유명한 벤처 캐피털리스트인 마크 앤드리슨<sup>Marc Andreessen</sup>이 한 다음과 같은 말은 이러한 현실을 더욱 실감나게 대변해준다.

"기존 사업에 몸담고 있는 많은 노동자들이 소프트웨어 기반의 창조적 파괴에 의해 파괴 당하는 쪽으로 내몰릴 것이고, 그들이 일할 수 있는 영역은 사라질 것이다."

한편, 이러한 상황은 향후 마케터들에게 마케팅 테크놀로지에 대한 지식과 경험이 중요한 스펙이 될 수 있음을 의미하기도 한다. 즉, 마케터가 데이터에 대한 분석역량을 갖추고 데이터 기반의 마케팅을 선도할 수 있다면 조직 내에서 더 많은 힘을 가질 수 있다는 것이다. 경영자 입장에서 마케터가 이러한 능력을 갖춤으로써 분석에 따른 비용이 절감되고, 기업의 성과를 눈에 보이는 숫자로 명확하게 확인할 수 있다면 좋아하지 않을 이유가 없다.

반면에 앞으로는 '디지털 문맹지수'가 높은 사람이 마케팅영역에 들어오면 버텨내기가 힘들어질 것이다. 또한 디지털 문맹지수가 높은, 다시 말해 마케팅 대행사에서 작성해주는 보고서에 익숙해져 있는 관리자들이라면 앞으로 부하직원들을 어떻게 육성해야 하며, 어떤 교육을 받게 해야 할지를 쉽게 판단하지 못하는 혼란에 빠지게 될 것이다. 만일 앞으로도 계속해서 마케팅 테크놀로지에 대한 의사결정을 IT 전문가들이 대신해 나가길 원하지 않는다면, 마케팅 담당자 스스로 주인의식을 갖고 관련 테크놀로지를 이해하는 노력을 지속적으로 기울여나가야 한다. 1부에서 언급했듯이 앞으로 기업의 투자는 지속적으로 마케팅 시스템 개발영역에 집중될 것으로 예측되며, IT부서에

서 마케터들에게 의견을 묻거나 의사결정을 요구하는 경향도 강해질
것이다.

## 이미 마케팅 성역은 무너졌다

오늘날 마케팅의 문은 넓게 열려 있다. 데이터와 테크놀로지가 마케팅 세계로 몰려올수록 컴퓨터 엔지니어, 데이터 과학자, 인공지능 연구원, 통계학자, 산업 디자이너 등이 전문적인 마키팅 서비스를 담당하는 사례가 늘어날 것이고, 그들이 곧 마케터가 되는 시대가 올 것이다. 심지어 이들이 CMO Chief Marketing Officer 역할을 수행하는 사례도 점차 늘어날 것으로 보인다. 예를 들어 50조 원의 매출을 기록하고 있는 IT 스토리지기업인 EMC의 CMO는 컴퓨터 엔지니어 출신의 조나단 마틴 Jonathan Martin 이 맡고 있다. 또한 스타벅스의 경우에도 주니퍼 네트웍스라는 네트워크 테크놀로지기업의 플랫폼 전문 임원 출신의 인사가 COO Chief Operation Officer 역할을 맡고 있다. 필자의 주변에도 평생 데이터만 만지던 데이터 전문가들이 마케팅 전문가가 되는 사례가 적지 않다. 이러한 변화에 따라 대학에서도 컴퓨터 사이언스 관련 학과의 인기가 점점 올라가고 있으며, 일반 인문학도들이 컴퓨터 프로그램을 배우는 추세가 늘고 있다. 하버드경영대학에서도 현재 컴퓨터 프로그래밍 관련 학과가 가장 큰 인기를 얻고 있다고 한다. 이들 중 대다수는 마케팅전선으로 뛰어들거나, 마케팅 테크놀로지를 개발

| 마케팅 전문영역의 확대 | | | |
|---|---|---|---|
| 전통 매스컴시대 | 데이터 베이스시대 | 인터넷시대 | 소셜 미디어시대 |
| 마케팅 전공자 | 심리학 전공자<br>통계학 전문가 | 웹 디자이너<br>컴퓨터 엔지니어<br>산업 디자이너 | 데이터 사이언티스트<br>콘텐츠 큐레이터<br>UX 전문가<br>텍스트 마이닝 전문가<br>데이터 비주얼라이제이션 전문가 |

하는 스타트업으로 갈 것이다.

이처럼 마케팅의 성역은 이미 무너진 지 오래이다. 현재 마케팅 세계는 융합이라는 새로운 길 앞에 놓여 있다. 위의 그림을 보면 소셜 미디어시대에 들어서면서 데이터 사이언티스트, UX 전문가, 텍스트 마이닝 전문가들이 마케팅 전문영역에서 환영받고 있음을 알 수 있다. 심지어 이들 중 상당수는 마케팅 실무경험도 갖추고 있지 않은 데 말이다.

특히 과학자들이 마케팅 테크놀로지산업에 유입되면서 이들이 마케팅의 혁신을 이끌어내는 사례가 늘고 있다. 예를 들어 현재 인공지능 기술을 이용해 온라인 타깃광고 분야에서 빠르게 성장하고 있는 로켓퓰RocketFuel의 CEO 조지 존George John은 나사NASA의 인공지능 부서에서 일했던 과학자이다. 나사에서 그는 화성처럼 예측 불가능한 환경에서 로봇이 활동할 수 있는 시스템을 개발하는 일을 담당했다. 그는 로켓퓰을 설립한 후 나사에서 배운 기술을 마케팅에 접목함으로써 이 기업의 성공을 이끌었다.

이러한 사례는 우리나라에서도 찾아볼 수 있다. 여를 들어 증강현실Augmented Reality 테크놀로지를 활용해 기업의 고객경험 마케팅을 지원하는 라온스퀘어라는 마케팅 에이전시는 주로 산업공학, 산업디자인, 전자공학 등을 전공한 인재들로 구성되어 있다. 이 에이전시는 더 창의적인 서비스를 제공하기 위해 이러한 인재들이 가진 다양한 지식과 경험을 융합해나가고 있다.

필자 역시 마케팅과는 무관한 소프트웨어기업에서 사회생활을 시작했지만, 이때의 경험과 우연한 기회에 CRM을 배우고 마케팅 현업 조직장을 맡았던 경험이 융합되어 마케팅 테크놀로지의 흐름을 이해하고, 나아가 이 책을 쓰는 데 큰 도움이 되었다.

특히 인문학을 전공한 사람에게는 소프트웨어에 대한 학습이 매우 흥미로운 논리적 지식을 경험하는 기회가 될 수 있다. 소프트웨어와 그것을 만드는 컴퓨터 프로그래밍은 프로세스 명령어와 로직으로 움직이기 때문이다. 우리가 눈으로 보는 소프트웨어들은 모두 이러한 논리적 바탕으로 이루어진 명령어들의 산출물이다.

마케팅실무에서도 테크놀로지에 익숙한 마케터들이 뛰어난 실력을 발휘하는 사례가 많다. 그들은 기본적으로 고객 세그먼트를 이해하고 있으며 고객과의 마케팅 커뮤니케이션능력을 갖추고 있을 뿐만 아니라, 마케팅의 효과를 높이기 위해 마케팅 시스템을 어떻게 활용해야 하는지와 이를 위해 IT전문가들과 어떻게 대화해야 하는지를 알고 있기 때문이다.

마케팅분야의 채용시장도 빠르게 변화하고 있다. 2013년만 해도 빅데이터 전문가를 찾기 힘들었을 뿐 아니라 채용시장에서 이들의 가치가 제대로 형성되어 있지도 않았다. 그러나 불과 몇 년 만에 기업에서 이들을 찾는 수요가 급격히 늘어났다. 마찬가지로 디지털 테크놀로지나 데이터 분석역량을 갖춘 마케터를 찾는 수요도 크게 늘어났다. 이러한 추세는 앞으로도 지속적으로 이어질 것으로 예측된다.

## 마케팅 테크놀로지스트의 시대

이렇게 마케팅 세계에 큰 변화가 일어나면서 테크놀로지에 대한 이해와 지식, 데이터에 대한 이해와 분석역량, 마케팅지식을 두루 갖춘 새로운 유형의 '능력자'들에게 관심이 모아지기 시작했다. 바로 마케팅 테크놀로지스트와 마케팅 데이터 사이언티스트를 의미한다. 마케팅 테크놀로지시장에서는 이들을 '유니콘Unicorn'이라고 부른다. 뿔이 달린 말을 의미하는 유니콘처럼 희소성 있는 인재라는 사실을 강조하는 의미다.

특히 이 중에서 마케팅 테크놀로지스트는 마케팅지식과 테크놀로지에 모두 능통한 리더급 인재를 의미한다. 즉, 소프트웨어, 하드웨어, 데이터, 소셜 네트워크, 모바일 플랫폼 등에 익숙할 뿐만 아니라 고객 커뮤니케이션, 시장조사, 브랜드 마케팅, 디지털 마케팅 등에 대한 전문지식까지 갖추고 있어서, 이를 토대로 마케팅 테크놀로지조직을 통솔하고 비전을 제시할 수 있는 관리자를 의미한다. 현재 여러 글로벌 기업에서 마케팅 테크놀로지스트의 자리를 따로 마련해놓고 마케팅 테크놀로지 관련 업무를 총괄하도록 하고 있다. 예를 들면 글로벌 제지기업인 킴벌리 클라크<sup>Kimberly-Clark</sup>에서는 마케팅과 IT분야의 경력을 두루 거친 인재를 글로벌 마케팅 테크놀로지 총책임자로 영입해서 마케팅 테크놀로지에 대한 프로젝트를 관할하게 하고, 그 결과를 CMO에게 직접 보고하도록 하고 있다.

이와 관련해 세계적인 경영컨설팅기업인 베인앤컴퍼니<sup>Bain & Company</sup>의 애디탸 조시는 '미래 마케팅조직에서도 브랜드 마케터는 지금까지의 역할을 그대로 수행하겠지만, 마케팅 테크놀로지스트가 새로운 직업으로 자리매김할 것'이라고 주장했다. 마케팅 테크놀로지스트란 한마디로 CMO와 CIO 양쪽 모두와 원활한 커뮤니케이션이 가능한 융합형 인재를 의미한다. 미래형 조직일수록 이러한 능력을 갖춘 핵심 리더격 인재에 대한 니즈는 계속해서 늘어날 것으로 예측된다.

## 미래의 마케터는 예술가 + 과학자

그렇다고 모든 마케터가 통계학자, 웹디자인, 컴퓨터 아키텍츠, 컴퓨터 엔지니어 등을 모두 이해하는 만능 전문가가 될 수는 없다. 또 그런 전문가들로만 마케팅조직이 갖춰질 것이라고 예측되지도 않는다. 아무리 마케팅의 성역이 낮아졌다 하더라도 브랜드와 크리에이티브감각이 탁월한 마케팅 인재들이 자리를 잃는 일은 없을 것이다. 다만 전통적인 마케팅지식과 경험을 갖춘 마케터들이 데이터와 테크놀로지지식을 갖춰서 융합형 인재가 되거나, 반대로 마케팅경험이 없는 과학분야 또는 IT 전문가, 디자이너 등이 마케팅지식을 갖출 경우 스스로의 가치를 한층 높일 수 있다는 것만은 확실해보인다.

이처럼 앞으로는 마케터들에게 한쪽은 예술가, 다른 한쪽은 과학자가 되어줄 것을 요구하는 시대가 올 것이다. 여기서 마케터에게 요구되는 예술가적 영역이란 크리에이티브 및 디자인감각, 상상력을 발휘해야 하는 콘텐츠 전문가로서의 역할을 의미하며, 이런 것들은 아직까지 컴퓨터로 대체할 수 없는 영역으로 남아 있다. 고객의 감성을 자극하거나 설득력 있게 글을 쓰는 역량 역시 이러한 영역에 포함된다. 물론 마케팅영역에 있는 크리에이티브 전문가나 브랜드 전문가들이 마케팅 과학자가 되는 경우도 있을 수 있겠지만, 미래에도 여전히 그들의 영역에서 해야 할 일이 많은 만큼 그 영역의 전문가로서 남는 것이 바람직해보인다. 다만 마케팅 테크놀로지의 이해도를 높이고 마케팅 과학과 데이터에 대한 지식을 갖출 경우 스스로의 전문성을 높이는 데 큰 도움이 될 수 있다.

반면 마케터에게 요구되는 과학자적 영역이란 ROI분석 역량, 마케팅 프로그램 운영능력, 마케팅 테크놀로지 선택능력, 데이터 분석능력 등을 의미한다. 이와 관련해 디지털 미디어 디자인의 구루라고 불리는 존 마에다는 370여 명의 디자이너들을 대상으로 조사해본 결

● 출처 : 마켓투

과, 그 중 93.5퍼센트로부터 컴퓨터 프로그램 코딩이 업무에 도움이 된다는 반응을 얻었다면서, 오늘날에는 심지어 디자이너들까지도 코딩을 배워야 하는 시대라고 이야기했다.

위의 그림은 지금까지 설명한 예술가적 능력과 과학자적 능력을 겸비한 미래 마케터의 모습을 묘사한 것이다. 미래에 다가올 테크놀로지 기반의 마케팅 세계에서는 이러한 융합형 인재가 높은 대우를 받게 될 것이다. 융합형 인재란 전통적인 마케팅 인재인 우뇌형 전문가가 좌뇌형 전문가영역의 전문지식을 배우고 융합하 나가거나, 반대로 좌뇌형 인재가 마케팅 크리에이티브영역의 감각을 익히고 융합해 나가는 것을 의미한다. 예를 들어 언어와 표현감각이 탁월한 카피라이터가 그의 우뇌적 특성인 창의성을 계속 살려나가는 한편, 데이터 분석에 대한 지식을 겸비해나가는 것을 말한다.

이제 다시 앞에서 제시했던 질문으로 돌아가보자. 앞으로는 마케터들이 소프트웨어 관련 지식이나 컴퓨터 프로그래밍을 배워야 하는 것일까? 만일 아직 마케팅 세계에 발을 들여놓지 않은 대학생이나 직장 초년생이라면 '그렇다'라고 이야기해주고 싶다. 그러나 이미 기업의 마케팅 관련 부서에서 중간 관리자 정도의 위치에 오른 사람이라면 그보다는 마케팅 테크놀로지에 대한 전반적인 지식과 데이터분석 기법 등을 익히는 게 바람직해보인다. 이러한 지식만으로도 충분히 뛰어난 우뇌역량을 보조해줄 좌뇌역량, 즉 과학적 이해와 논리성을 높일 수 있다.

# 마케팅조직의
# 디지털 트랜스포메이션

　마케터만 융합형 인재로 성장하는 것으로는 부족하다. 마케팅조직 전체가 변화를 준비해야 한다. 글로벌 기업들의 마케팅 임원을 대상으로 한 〈이코노미스트〉의 조사에서도 80퍼센트의 임원들이 자사의 마케팅부서와 업무에 변화가 필요하다고 응답했고, 29퍼센트의 임원들은 그러한 변화가 매우 시급한 상황이 되었다고 응답했다. 여기서 이들이 말하는 '변화'란 마케팅조직이 비용만 쓰는 지원조직이라고 놀림받는 처지에서 벗어나려면, 디지털 세계에서 고객들과 직접 커뮤니케이션함으로써 수요와 매출을 창출하는 조직으로 변신해야 한다는 것을 의미한다. 이것은 마케팅조직이 고객과의 커뮤니케이션을 통해 좀 더 많은 고객들이 마케팅 캠페인에 참여하도록 유인해야 한다는 것과, 이를 통해 고객경험을 선도해야 한다는 것, 그리고 데이터 과학분야에 좀 더 많은 투자를 해야 한다는 것 등을 모두 포함하는 의미다. 시장변화에 민첩하게 적응해나가는 글로벌 기업들은 이미 이러한 변화를 재빠르게 시도하고 있다. 이들은 디지털시대에서의 마케팅은 그 어느 때보다 매출에 직접적인 영향을 미친다는 사실을 인지하고 디지털 마케팅조직과 마케팅 테크놀로지조직을 강화했다. 또한 마케팅부서뿐만 아니라 영업부서, 심지어 일반 사무부서까지도 소셜 셀링Social Selling에 참여하도록 유도하고 있다. 소셜 셀링이란 소셜 미디어 네트워크에 적극적으로 가입해서 고객과 대화를 나누며 구매에 직·간접적인 영향을 주는 것을 의미한다.

한편, 소비자의 시선이 디지털 미디어에 쏠리고 구매패턴이 온라인 커머스와 모바일 앱으로 이동하면서, 기업들이 디지털 트랜스포메이션Digital Transformation을 위한 조직적 혁신을 추진하는 사례가 이어지고 있기도 하다.

이 장에서는 기업들이 테크놀로지 기반의 마케팅을 실현하기 위해 반드시 거쳐야 하는 조직적 혁신의 4가지 축, 즉 마케팅조직의 영역확대, 마케팅조직 내부 직군 간의 균형, IT조직과의 융합, 새로운 역량의 개발과 학습에 대해 구체적으로 살펴보겠다.

## 마케팅조직의 영역확대

디지털시대에 일고 있는 거센 변화의 물결은 전통적인 마케팅조직을 크게 디지털 마케팅영역과 마케팅 과학영역으로 확장시켰다. 예를 들면 글로벌 기업용 소프트웨어분야를 선도하고 있는 SAP의 경우 2015년에 본사 내에 디지털 마케팅을 총괄하는 CDO Chief of Digital Officer라는 직책을 별도로 두고, 디지털 크리에이티브영역과 디지털 마케팅 테크놀로지영역을 동시에 관장하게 했다. 또한 킴벌리 클라크에서는 마유르 굽타 Mayur Gupta를 마케팅 테크놀로지스트로서는 최상위직급에 해당하는 글로벌 마케팅 테크놀로지 및 운영 총책임자 Global Head of Marketing Technology & Operations로 임명했다. 이 밖에도 많은 글로벌 기업에서 CMTO Chief Marketing Technology Officer 또는 CMT Chief Marketing Technologist 등의 직책을 만들어서 마케팅 테크놀로지업무를 총괄하도록 하고 있다.

이와 관련해 가트너는 미국 시장의 경우 매출 기준 5억 달러(약 5,500억 원) 이상의 기업 중 81퍼센트가 CMT 직책을 두고 있으며, CMT의 70퍼센트 이상이 CMO와 CIO에게 동시에 보고하는 형태를 띠고 있다고 밝혔다. 한편 이러한 추세는 CMO 산하에 CMT를 보좌하는 별도의 조직이 생길 수 있음을 예측하게 해준다. 실제로 현재 기업의 CMO가 디지털 마케팅조직과 마케팅 테크놀로지조직을 통솔하는 경우가 많다. 일반적으로 CMO 산하 2개 조직에서는 아래와 같은 업무를 수행하게 된다.

- 디지털 마케팅조직 : 디지털 마케팅전략, 디지털 마케팅분석, 소셜 마케팅, 모바일 마케팅, 콘텐츠 마케팅
- 마케팅 테크놀로지조직 : 마케팅 테크놀로지분석 및 관리, 고객 데이터전략, IT부서와의 조율

다만 디지털 혁신을 위한 조직적 변화를 CMO 또는 CIO 산하의 조직들에서 주도하는 데는 위험요소도 있다. 두 조직 모두 강한 조직문화를 갖고 있어서 혁신적 변화를 꾀하기 힘들다는 한계가 있기 때문이다. 스타벅스의 경우 이러한 위험을 인지하고 관련 조직들을 CEO 직속으로 두고 혁신을 주도하고 있다. 2008년 당시 스타벅스의 CIO 스테판 질렛 Stephen Gillett 은 기업의 성장회복 전략 측면에서 디지털 테크놀로지를 사내에 도입하기 위해서 '스타벅스 디지털 벤처스'라는 내부 벤처기업 같은 조직을 만들었다. 이 조직은 IT부서나 마케팅부서 어디에도 소속되지 않는 독립조직으로 유지되면서 CMO 및 CIO 양쪽 부서와 협업을 이루었다. 질렛은 이처럼 해당 조직을 독립적으로 운영하게 된 배경에 대해서, '만약 이 조직을 IT조직에 두면 IT의 전략적 방향에 영향을 받을 것이고, 마케팅조직에 두면 마케팅 캠페인문화와 프로세스에 영향을 받을 것이기 때문'이라고 설명했다. 한편, 스타벅스는 2012년에는 이 조직의 운영을 CDO Chief Digital Officer 에게 맡겨서 스타벅스 모바일 앱 및 스타벅스 카드 등 고객들이 사용하는 대부분의 디지털 테크놀로지를 관장하도록 하고, 조직운영에 따른 모든 내용을 CEO에게 직접 보고하도록 했다.

## 조직 내부의 균형

테크놀로지스트와 데이터 분석가들이 전통적인 마케팅조직에 들어오는 사례가 많아지면서 이로 인한 문화적 갈등도 발생했다. 사실 이러한 갈등은 창의적인 일에 익숙한 우뇌형 전문가(전형적인 마케팅 전문가)와 테크놀로지와 데이터에 익숙한 좌뇌형 전문가(테크놀로지스트와 데이터 분석가)들이 하나의 조직 내에서 공존하는 과정에서 발생하는 필연적인 결과라고 할 수 있다. 결국 기업 입장에서는 디지털 세계에서의 마케팅경쟁에서 우위를 차지하기 위해 우뇌형 인재와 좌뇌형 인재를 고루 영입하되, 서로 간의 갈등을 최소화하고 원활한 협업이 이루어질 수 있도록 디지털역량 차이를 줄여나가는 노력을 기울여야 한다.

## IT부서와 마케팅부서의 협력

위에서 언급했듯이, IT 전문가와 마케팅 전문가는 개와 고양이에 비유될 정도로 뚜렷한 성향차이를 가지고 있다. IT 전문가들은 시스템의 안정성, 보안, 경제성, 표준화, 기능적 측면에서 사고하는 습성이 있는 반면, 마케팅 전문가들은 시장변화에 따른 신속한 다응, 혁신, 차별화, 고객경험 등을 중심으로 사고하는 습성이 있기 때문이다. 또한 시장을 바라보는 관점에서도 큰 차이가 난다.

결국 기업 입장에서 시장의 빠른 변화에 대응하고, 고객가치를 제공하는 효율적 시스템을 구축하기 위해서는 이 두 전문가 영역 간의 융합적 협력을 유도할 수밖에 없다. 특히 이러한 융합적 역할을 총괄할 마케팅 테크놀로지스트를 영입하는 등의 물리적 변화를 꾀하기 힘들다면, 세미나나 워크숍 등을 통해 두 전문가집단을 모아놓고 고객가치를 중심으로 서로의 입장을 공유하게 함으로써 조직 전체가 융합의 필요성에 공감할 수 있도록 해야 한다.

## 새로운 역량에 대한 개발과 학습

디지털 테크놀로지의 혁신적인 발전은 소비자에게는 즐거움을 제공해준 반면, 기업의 테크놀로지 담당자나 마케터, 나아가 영업사원들에게는 새로운 무기를 장착해야 한다는 압박감을 느끼게 했다. 사실 예전에도 새로운 테크놀로지가 등장할 때마다 이러한 상황이 반복되고는 했다. 가장 대표적으로 테크놀로지와 관련된 자격증시장이 들끓었다. PC시대에 등장한 워드 프로세스 자격증과, 인터넷시대에 등장한 정보검색사 자격증 등이 대표적이다.

시장점유율이 높은 테크놀로지를 제공하는 기업들은 하드웨어와 소프트웨어를 판매할 뿐만 아니라 그것을 배우고 활용하는 방법까지 판매한다. SAP, 오라클, 마이크로소프트, 시스코, 어도비 등이 모두 그러한 자격증 취득 프로그램으로 매출을 올리고 있으며, 그러한 자격증 자체가 하나의 능력처럼 생각되게 만들었다. 즉, 시스코 자격증을 갖고 있으면 네트워크 전문가를 연상하게 하고, SAS 자격증을 갖고 있으면 분석을 잘 할 것 같은 느낌을 준다. 이것이 바로 세계적인 IT 기업만이 누릴 수 있는 특권이기도 하다. 기업들 역시 이러한 소프트웨어가 이미 전 세계 수많은 기업의 책상 위에서 돌아가고 있기 때문에 관련 자격증을 의심 없이 하나의 스펙으로 받아들이고 있다.

디지털시대에 들어서면서 마케팅영역에도 새로운 직무기술이 계속 등장하고 있다. 다만 여기서의 기술이란 소프트웨어 활용능력뿐만 아니라 개인의 역량과 관련된 것까지를 포함하는 개념이다. 후자 쪽을 먼저 들여다보면, 무엇보다 오늘날의 마케터들에게는 데이터분석 능력과 나아가 빅데이터분석 능력에 대한 중요성이 갈수록 강조되고 있다. 또한 소프트웨어 활용과 관련해서도 새로운 자격증들이 등장하고 있다. 이러한 상황에서 마케터들이 어떤 교육을 받고 어떤 기술을 익힐 것인가는 결국 개인이 판단할 문제이다. 다만 이러한 판단을 하는 데 있어서는 융합적 관점에서 자신의 전문분야와 어떤 지식을 융합하는 것이 미래 경쟁력에 더 도움이 될지를 심각히 고민해야 한다.

한편, 마케터 개인이 직접 필요한 지식을 찾아서 배우는 데는 한계가 있을 수밖에 없으므로 조직 차원에서의 지원도 필요하다. 마찬가지로 기업 입장에서도 융합적 지식을 갖춘 인재들을 영입하는 방법만으로 조직변화를 꾀하는 데는 한계가 있다. 따라서 내부에서 채울 수 없는 지식을 아웃소싱하는 방법과 함께 내부 구성원들이 그러한 역량을 갖출 수 있도록 육성하는 노력을 기울여야 한다.

## 디지털 변혁에 뒤처진 한국 기업들

이 책을 쓰면서 여러 국내외 인사들을 만나 대화를 나누고, 다양한 자료를 찾아보았다. 도처에서 위기감을 느끼기도 했다. 특히 우리나라의 경영진의 경우 디지털 변화의 관점에서 마케팅 혁신에 대한 인식이 상대적으로 뒤떨어져 있다는 생각이 들었다. 이러한 인식은 전통적으로 하드웨어에는 강하고 소프트웨어에는 약한 우리나라의 기업체질과도 관계가 있었다. 그러다 보니 마케팅 소프트웨어 개발 및 활용기법에 대한 마케팅투자에 소극적인 태도를 보일 수밖에 없었던 것이다.

물론 사회 전반적으로 보면 인터넷 인프라 및 활용지수, 모바일기기의 보급률 등이 높게 형성되어 있으며, 게임과 엔터테인먼트산업 역시 발전을 거듭해나가고 있다. 마케팅 테크놀로지 측면에서도 여느 선진국가에 뒤지지 않을 정도로 모바일 커머스 및 소셜 커머스 관련 기법들이 발달되어 있다. 특히 인프라 측면에서는 인터넷 속도 1위의 국가라는 명예를 갖고 있기도 하다. 하지만 이것은 어디까지나 소수의 IT기업이나 커머스기업, 혹은 국가 인프라 측면에서의 현실일 뿐, 대다수의 중소기업과 대기업의 마케팅영역에서는 아직까지 디지털 진화의 속도를 따라가지 못하는 모습을 보이고 있다.

우리나라 기업의 마케팅 담당자들의 디지털역량이 강화되었다거나, 기업 차원에서 관련 분야에 적극적인 투자를 시행하거나 변화를 꾀했다는 사례를 찾기도 쉽지 않다. 이러한 현상은 대부분 아직까지

|  | 호주 | 싱가포르 | 홍콩 | 인도 | 한국 | 중국 |
|---|---|---|---|---|---|---|
| 2014 | 44% | 32% | 36% | 29% | 9% | 15% |
| 2013 | 44% | 27% | 6% | 25% | 0% | 10% |

● 출처 : APAC Digital marketing performance dashboard, Adobe

우리나라 기업의 경영진들이 여전히 굴뚝산업 시대의 의사결정 마인드를 갖고 있다는 데서 큰 영향을 받고 있다. 위의 표와 같은 어도비의 APAC 디지털 마케팅 퍼포먼스 대시보드 자료를 통해서도 이러한 사실을 확인할 수 있다. 표를 보면, 아시아 태평양지역에서만 비교해 보아도 우리나라 경영진이 조직의 디지털 변혁을 우해 지원하는 역량이 취약하다는 사실을 알 수 있다.

마케팅 조직의 디지털 혁신은 여러 측면에서 고려되어야 한다. 즉, 조직 전체의 문화를 비롯해 마케팅조직의 내부 역량 강화, 관련 인재의 채용, 데이터 과학 및 디지털 마케팅을 위한 전략과 비전, 마케팅 테크놀로지에 대한 투자, 디지털 VOC<sup>Voice Of Customer</sup> 프로세스 등을 고루 갖춰야 한다. 특히 이러한 혁신을 추진하는 데는 무엇보다 CMO 또는 CEO의 마인드가 중요한 영향을 미친다. 이 말은 결국 경영진에서 관심을 갖지 않는 한 내부에서 자생적으로 디지털시대에 걸맞은 경쟁력을 갖추기는 쉽지 않다는 사실을 의미한다.

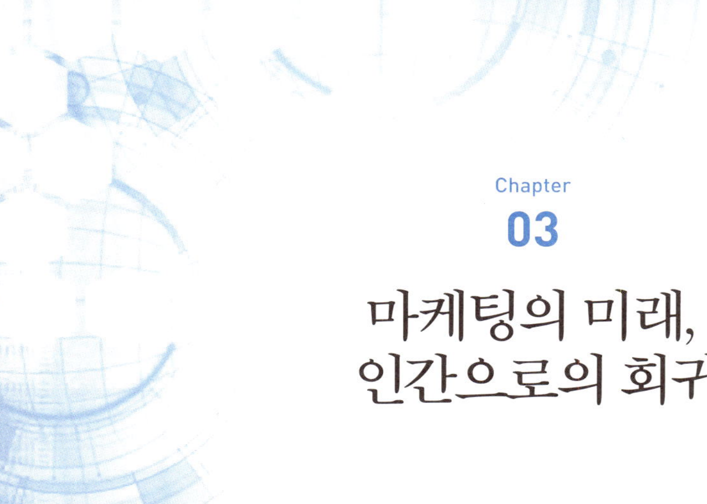


# 마케팅의 미래,
# 인간으로의 회귀

이제 이 책의 모든 장을 마무리하고자 한다. 필자 입장에서 마케팅에 대한 글을 쓰는 것은 매우 흥미롭고도 가슴 뛰는 일이다. 이론으로 접한, 그리고 현실에서 마주친 마케팅에 대한 이야기를 풀어놓는 것 자체가 재미있고 의미 있는 일이기 때문이다.

산업화시대부터 정보화시대까지 마케팅은 늘 소비자의 눈과 귀를 즐겁게 해주었다. 이를 위해 기업들은 당대의 활용 가능한 모든 마케팅 기교·수법·기술 등을 동원해 끊임없이 마케팅 혁신을 이루어왔다. 마케팅은 상상력에 관한 것이었고, 지난 100여 년의 역사 속에 시장과 소비자들의 변화와 함께 항상 혁신의 중심에 놓여있었다.

정보과잉 시대에 들어 마케팅은 테크놀로지와의 융합을 통해 또 다른 혁신의 방향을 찾아냈다. 이 시기에 소비자들은 다양한 디스플레이 디바이스를 통해 마케팅이 주는 즐거움을 누린 반면, 수많은 광고 메시지에 시달리기도 했다. 그리고 이러한 상황은 지금까지도 이어지고 있다. 기업들은 소비자들과 커뮤니케이션할 수 있는 좀 더 현명한 방법을 찾아나섰다. 그리고 그 과정에서 테크놀로지는 경쟁대상이 아닌 공존의 대상이라는 사실을 받아들이게 되었다. 이러한 인식하에 마케터들은 소비자들의 행동패턴을 읽어내기 위해 방대한 데이터를 분석하기 시작했고, 온라인공간 안에서 가장 좋은 고객경험을 제공하기 위해 경쟁하게 되었다.

그리고 초연결시대에 들어왔다. 마케팅은 더 이상 테크늘로지와 떼어낼 수 없는 지점에 이르렀고, 테크놀로지와 마케팅은 융합을 통해 미래 마케팅의 다양한 모습을 만들어나가고 있다. 오늘날의 빅데이터 역시 가까운 미래에는 그저 수많은 데이터 중의 하나로 분류될 날이 올 것이다. 어쩌면 미래의 마케팅은 과학이란 이름으로 지금보다 더 개성 없고, 약점이라고는 보이지 않을만큼 차가운 이미지로 변모할지도 모른다. 그럼에도 불구하고 테크놀로지가 주도하는 미래의 마케팅이 지향하는 방향 역시 결국 인간, 즉 소비자의 세계일 수밖에 없다. 또한 그러한 소비자의 세계를 움직이는 힘의 바탕이 테크놀로지로 쉽게 대체할 수 없는 따뜻한 감성에 있다는 사실에도 변함이 없을 것이다.

마케팅은 죽지 않는다. 마케팅은 더욱 강력해질 것이다. 마케팅의 모든 지향점은 오직 소비자일 수밖에 없으며, 인간 중심적 테크놀로지의 진보와 인간 중심의 마케팅의 융합으로 더 강력하고 새로운 힘을 갖게 될 것이다. 다만 이러한 미래를 이해하고 준비하는 마케터나 마케팅조직, 그리고 기업들에게만 그러한 힘이 부여될 것이다.

## 〈참고문헌〉

Adobe 'APAC Digital Marketing Performance Dashboard, Adobe, 2014,

Ann Handley, CC Chapman 'Contents Rules, How to create Killer Blogs, Podcasts, Videos, Ebooks, Webinars and ignite your business', Wiley, 2012

Barbara Spitzer, 'The Digital Talent Gap Developing Skills for Today's Digital Organizations', Capgemini Consulting, 2013

Chris Bolman, 'How the Human Brain Experience Your Brand', 2014

Daniel Berlearnt, 'Human Race to the future', Life Boat Foundation Publications, 2015

Dan Freeman, 'Marketing Automation Industry Overview with the profiles of leading marketing automation platforms', Marketing Growth Strategies, 2014

David Carr, 'Giving Viewers What They Want', New York Times, 2013

David Court, Dave Elzinga, Susan Mulder, and Ole Jørgen Vetvik 'The consumer decision journey', 2009

Econsultancy, '2015 Digital Trend Quarterly Report', Econsultancy, 2015

Eli Pariser, 'The Filter Bubble: What The Internet Is Hiding From You', Penguin, 2012

Greg Satell, 'The Future of Marketing Comines Big Data with Human Intuition', Forbes, 2014

John Ellett, 'Technology is changing the future of marketing', Forbes, 2014

Lisa Parmley, 'Content Marketing Survey Report', Businessbolts 2013

Mobile in-store Research, 'How in-store shoppers are using mobile devices', Google Shopper Marketing Council, 2013

Olivier Blanchard, 'Social Media ROI', inmD, 2011

PWC, 'Marketing at the speed of agile A CMO's guide to applying agile methodologies to transform marketing', PWC, 2014

Sara Radicati, 'Email Statistics Report, 2014-2018', The Radicati Group, INC., 2014

Scott Brinker, 'A new Brand of Marketing, The 7 Meta-Trends of Modern Marketing as a Technology' Chiefmartec.com, 2014

Shyna Zhang, 'Perfecting the Art & Science of Engagement Marketing at Panasonic', marketo blog, 2014


〈참고 웹사이트〉

www.i-Scoop.eu

www.socialbakers.com

www.socialdigm.com

www.econsultancy.com

www.inc.com

www.ninjaessays.com

www.chiefmarktec.com

www.socialmediaweek.org